U0504198

青春必修课

青年马克思主义学者如何成长成才

本书编写组

Karl Marx

人民出版社

《青春必修课：青年马克思主义学者如何成长成才》

主　编：

程恩富　王富军

副主编：

刘旭光　曲鹏芳

编写组成员：

刘书林　韩喜平　卢黎歌　田鹏颖　任　鹏
杨增崇　周绍东　王　芳　邱卫东　安　娜
李　键　李　晶　吕晓凤　阮华容　江可可
黄泽清　叶子鹏　田　源　韩　潇　秦孟婷
周炜杰　米若彤　朱丽萍

目 录

序 言 001

|上 篇|

求学与阅读

一、欣逢盛世：顺大势循大道做有为青年 003

二、探索者的探索：青年学者的自我成长 030

三、我书架上的那些神明：谈谈读书 046

四、得大者，可以兼小：阅读与选择阅读 064

|中 篇|

治学与求职

一、坐得住"冷板凳"：保持定力是治学的关键 085

二、研究切入点：如何写好文献综述 098

三、"杜拉拉升职记":如何走好入职第一步 111

四、再见象牙塔:初入职场的那些事儿 125

| 下 篇 |

备课与教学

一、新时代思政课改革创新:"大思政课"我们要善用之 149

二、讲深、讲透、讲活:思政课的本质是讲道理 164

三、教学有方:如何上好一堂高质量思政课 182

四、坚持守正创新:在把握变与不变中讲好

马克思主义中国化时代化的故事 206

后 记 225

序　言

　　青年是一个社会中最具有生机和活力的群体，是民族未来发展特定历史走向的重要预兆。马克思在为国际工人协会第一次代表大会的代表们写的《临时中央委员会就若干问题给代表的指示》中明确指出："最先进的工人完全了解，他们阶级的未来，从而也是人类的未来，完全取决于正在成长的工人一代的教育。"

　　纵观我们党的历史，在每一个历史时期、每一个不同历史阶段，党的工作与任务都有所侧重与变化，但贯穿始终的就是党的青年工作，而且越是到了历史的紧要关头，就越是要强调青年工作的重要意义和作用。毛泽东同志曾写下《青年是民族解放斗争的先锋》《中国青年的任务》《青年运动的方向》《青年是整个社会力量中最积极最有生气的力量》《世界是属于你们的》等一系列脍炙人口的篇章，而其中最为大家耳熟能详的，便是1957年11月17日毛泽东访问苏联接见在莫斯科学习的中国留学生和实习生时所发表的讲话："世界是你们的，也是我们的，但是归根结底是你们的。你们青年人朝气蓬勃，正在兴旺时期，好像早晨八九点钟的太阳。希望寄托在你们身上。"邓小平同志通过《科学的未来在于青年》《一定要教育好我们的后代》《对青年一定要注意引导》《用中国的历史教育青年》等系列文章，对青年的地位作用、教育培养做出殷殷嘱托。江泽民同志写就《用无产阶级思想教育青年》《青年是我们事业的希望》《对青年要充分信任，严格要求，积极引导》《加强思想工作，培育"四有"新人》《青年兴则国家兴，青年强则国家强》等文章和讲话，为我们教育引导广大青年提供了思想指引。胡锦涛同志也指出："全党都要关注青年、关心青年、关爱青年，倾听青年心声，鼓励青年成长，支持青年创业。"进入新时代以来，习近平总书记非常重视青年，在庆祝中国共产党成立95周年大会、纪念五四运动100周年大会、党的二十大等重要会议上都数次反复强调：要做青年朋友的知心人、青年工作的热心人、青年群众的引路人。

　　青年工作的核心问题是青年人的教育问题，也就是回答培养什么人、如何培养人、为谁培养人的根本问题。我们党和国家要培养的，首先应该是社会主义和共产主义事业的建设者与接班人。马克思、恩格斯从青年职业选择、青年教育、充分认识和发挥青年历史作用等方面给予了高度关注和重视，鼓励青年在做出职业选择时要以人类的幸福和我们自身的完美为准则，如果一个人只为自己而工作，那么他有可能在某一领域成功，但可能只是"精致的利己主义者"，所享受的只是可怜的、有限的、自私的乐趣，只有为人类解放而奋斗的人，才是高尚的、幸福的。习近平总书记在 2018 年 5 月的北京大学师生座谈会上强调："'国势之强由于人，人材之成出于学。'培养社会主义建设者和接班人，是我们党的教育方针，是我国各级各类学校的共同使命。"同时，青年人不仅是社会主义事业的建设者，更是担负着民族复兴伟大希望的时代新人。党的十九大报告指出："青年一代有理想、有本领、有担当，国家就有前途，民族就有希望。""中华民族伟大复兴的中国梦终将在一代代青年的接力奋斗中变为现实。"这一论述对青年人成长为肩负伟大使命的时代新人所应具备的品质与任务提出了明确的指向与要求。

如何将青年人培养为肩负伟大历史使命的时代新人？这就要求我们用科学的理论去武装青年人的头脑，用正确的人生观、世界观与价值观去引领青年人茁壮成长，而马克思主义无疑为我们培育青年人提供了一条正确的道路。"理论在一个国家实现的程度，总是取决于理论满足这个国家的需要的程度。"作为科学的世界观与方法论，马克思主义一经问世就对世界无产阶级革命和建设产生了巨大影响，并且极大地改变了人类的面貌与未来。与其他理论和主义不同，马克思、恩格斯从未试图以一种纯粹的文本去达到预测人类历史发展、规定人类未来道路的目的，正如他们所说，马克思主义理论不是教条，而是行动指南。正是在以理论指导实践、用实践去丰富理论的成长中，马克思主义不仅没有走向封闭与僵化，反而以更具革命性与科学性的面貌去拥抱新的世界，因此，马克思主义不仅是我们党和国家的指导思想，也是我们认识世界、把握规律、追求真理、改造世界的强大思想武器和社会科学的精髓。青年朋友们要学习和实践马克思主义关于人类社会发展规律的思想，充分认识"资产阶级的灭亡和无产阶级的胜利是同样不可避免的"，从而树立共产主义的崇高理想和信仰，自觉抵制"共产主义渺茫论"等错误思潮；青年朋友们要学习和实践马克思主义关于坚守人民立场的思想，深知"历史活动是群众的活动，随着历史活动的深入，必将是群众队伍的扩大"，始终把人民而非资本的立场作为根本的价值立场，把为广大劳动人民谋幸福作为根本的价值追求；青年朋友们要学习和实践马克思主义关于生产力和生产关系的思想，深刻理解物质生产活动是人类的第一个历史性活动，决定着精神活动等各种活动形式，把握生产力和生产关系、经济基础和上层建筑、所有制与社会性质的辩证运动；青年朋友们要学习和实践马克思主义关于人民民主的思想，深刻体会"过去的一切运动都是少数人的或者为少数人谋利益的运动。无产阶级的运动是绝大多数人的、为绝大多数人谋利益的独立的运动"，自觉参与推动全过程人民民主的伟大实践；青年朋友们要学习和实践马克思主义关于文化建设的思想，不断提高思想觉悟、道德水平、文明素养；青年朋友们要学习和实践马克思主义关于社会建设的思想，深知"无产者在这个革命中失去的只是锁链。他们获得的将是整个世界"，不断促进人的全面发展，朝着实现全体人民共同富裕和"自由人联合体"不断迈进；青年朋友们要学习和实践马克思主义关于人与自然关系的思想，坚持人与自然和谐共生，牢固树立和切实践行绿水青山就是金山银山的理念，积极推进生态文明建设，共建美丽中国；青年朋友们要学习和实践马克思主义关于世界历史的思想，促进人类交往的世界性和各国相互联系的紧密性，以世界性眼光和全球性视野观察百年未有之大变局，在反霸过程中构建人类命运共同体；青年朋友们要学习和实践马克思主义关于马克思主义政党建设的思想，永葆青年党员、"可靠的后备军和有力的助手"的鲜明本色。

马克思主义之所以是我们党和国家的指导思想，不仅因为它是科学的指南，更是因为马克思主义所蕴含的浓厚的人学底色。《莱茵报》时期，青年的马克思第一次意识到，哲学的目的并不是制造玄而又玄的"真理"，而是要改善人类的生活，维护人民的利益，这是马克思与青年黑格尔派决裂的开始，也是马克思探寻历史辩证法的起点。正如马克思日后的那句名言，"哲学家们只是用不同的方式解释世界，而问题在于改变世界"。青年人学习马克思主义理论，学习科学文化知识的最终落脚点也正应该是为人民服务，为社会主义现代化服务，这是青年人的任务，也是我国教育的根本指向。在庆祝中国共产党成立100周年大会上的讲话中，习近平总书记指出："中国共产党根基在人民、血脉在人民、力量在人民。中国共产党始终代表最广大人民根本利益，与人民休戚与共、生死相依"。中国共产党办教育，必须把人民的利益放在首位，坚持教育为人民服务，新时代的青年学习本领与技能，为的不应该是个人的荣华富贵，而应该是中华民族的伟大复兴，是中国人民的美好生活。

青春逢盛世，奋斗正当时。青年是整个社会力量中最积极、最有生气的力量，国家的希望在青年，民族的未来在青年。"青年兴则国家兴，青年强则国家强。"中国青年肩负着实现中华民族伟大复兴中国梦的历史重任。习近平总书记对广大青年学子们寄予了厚望，他强调："中华民族伟大复兴的中国梦终将在一代代青年的接力奋斗中变为现实。"漫漫民族复兴征途上，中国青年始终是实现中华民族伟大复兴的先锋力量。

百年之前，正是一批批青年在共产主义的崇高理想指引下，高举马克思列宁主义的伟大旗帜，在风雨如晦的中国苦苦探寻民族复兴的前途。新时代的马克思主义青年学者更要深耕在理论的田野里，用汗水浇灌真理之花，坚守马克思主义信仰和共产主义信仰，坚持以马克思主义理论武装头脑、指导实践，笔下文章与口中言语要做到实事求是、求真务实，研究"真问题"、脚踏实地做学问，真正守正创新马克思主义理论和社会科学理论，并在国内外不断产生重要影响。很高兴《青春必修课——青年马克思主义学者如何成长成才》能够出版，参与本书撰写的都是经过马克思主义系统学习，具有自觉甄别能力和信仰坚定的青年马克思主义学者，希望广大青年以他们为榜样，走好未来的人生道路！

是为序。

程恩富

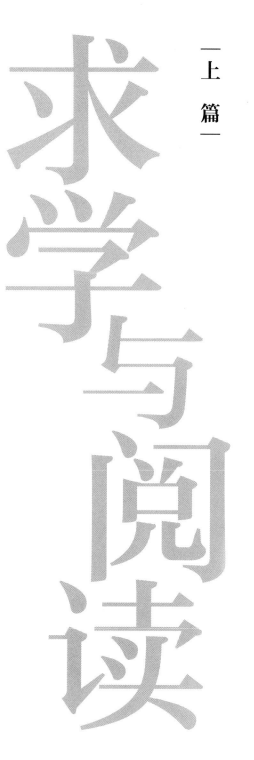

上篇

求学与阅读

一、欣逢盛世：顺大势循大道做有为青年

二、探索者的探索：青年学者的自我成长

三、我书架上的那些神明：谈谈读书

四、得大者，可以兼小：阅读与选择阅读

一、欣逢盛世：顺大势循大道做有为青年

随着马克思主义理论一级学科的建设和发展，这个学科招收的博士研究生越来越多了。大家都关心自己的学习、成长和就业安排，对于社会环境方面的变化及其带来的机遇和挑战也很关心。在这里，我就作为一个过来人、老博士生（读书年代：1984—1987年），之后的老博导，联系自己的经历和当今的现实，谈谈大家关心的这些问题，提供一些人生参考。

我们这个专业是培养无产阶级革命事业接班人的专业。我们本身的培养目标就是马克思主义研究和教学方面的高级专门人才，通俗点说就是青年马克思主义者，或者说是接班人。但是，相比其他专业特殊的一点就是：你们读出来后从事的工作，也是培养无产阶级革命事业接班人的工作。因此，需要牢记中国人民的伟大领袖和导师毛泽东同志的一句至理名言："要做人民的先生，先做人民的学生。"①

---

① 《毛泽东年谱（1949—1976）》第1卷，中央文献出版社2013年版，第271页。

　　党的十九届六中全会通过的《中共中央关于党的百年奋斗重大成就和历史经验的决议》提出了必须抓好后继有人这个根本大计。我们马学科（马克思主义理论学科简称，下同）也要后继有人。这就要坚持运用习近平新时代中国特色社会主义思想教育人，用党的理想信念凝聚人，用社会主义核心价值观培育人，用中华民族伟大复兴历史使命激励人，培养造就大批堪当时代重任的接班人。这就要源源不断培养造就爱国奉献、勇于创新的优秀人才，真心爱才、悉心育才、精心用才，把各方面优秀人才集聚到党和人民的伟大奋斗中来。

　　习近平总书记十分关心年轻一代的成长，多次号召教育界的老师、领导做教育青年的热心人。他说："青年处于人生道路的起步阶段，在学习、工作、生活方面往往会遇到各种困难和苦恼，需要社会及时伸出援手。当代青年遇到了很多我们过去从未遇到过的困难。压力是青年成长的动力，而在青年成长的关键处、要紧时拉一把、帮一下，则可能是青年顶过压力、发展成才的重要支点。我们要关注青年所思、所忧、所盼，帮助青年解决好他们在毕业求职、创新创业、社会融入、婚恋交友、老人赡养、子女教育等方面的操心事、烦心事，努力为青年创造良好发展条件，让他们感受到关爱就在身边、关怀就在眼前。"① 我就是出于这种心情与大家做一个交流。谈谈读书、科研和就业方面常常遇到的问题。

（一）关于读书

学生的天职就是读书。马学科的学生的天职首先就是读马列主义的书。在这个方面要弄清三个问题。

第一个问题：为什么要读书？解决好读书的目的和动力问题。书籍是人类保存和积累智慧与知识的载体。书籍记载着人类的进步和创造，推动着人类交往和联系水平的提升。书籍指示着人类的过去、现在和未来。书籍提高着每一代人的文明程度。只有读书才能继往开来。

第二个问题：关键是读什么书？对于马学科来说，最重要的书有两类：马列类和历史学类。今天重点谈谈读这两类书。

第三个问题：怎么读好书？读不同的书有不同的方法和途径，我结合两类书籍分别说明。

---

① 习近平：《在纪念五四运动 100 周年大会上的讲话》，人民出版社 2019 年版，第 14 页。

1. 关于读马克思主义的著作

这方面的书籍包括：马克思、恩格斯、列宁、斯大林等马克思列宁主义的著作；毛泽东思想的著作；邓小平、江泽民、胡锦涛中国特色社会主义理论体系的著作；习近平新时代中国特色社会主义思想的著作。这些是最基本的。

读马列著作的意义：读马列主义的书最重要，涉及科学世界观和人生价值观的确立。世界观是最高的学问、最基本的知识和方法。这也是我们专业的骨干课程。

（1）读马克思主义著作的首要的重点

主要学习 1845 年春天之后，马克思主义理论体系成熟期的著作。

1845 年春天之前的马克思、恩格斯著作，是非成熟期的著作。读这些著作可以结合马克思主义发展史的学习进行，重在理解马克思、恩格斯不断接近真理的趋势和生命力；理解其开拓和扬弃的内容，勿把当时马克思、恩格斯将要扬弃的糟粕碎片，当成马克思主义的宝贵遗产。这个时期，马克思、恩格斯正在向科学世界观转变，正在彻底清算和清理自己思想上曾经受到的黑格尔派影响，把唯心主义的辩证法倒转过来，正在肃清费尔巴哈"抽象的人"等概念。他们虽然越来越接近发现世界观的真理，但有些东西毕竟还没有清理干净。在这种时候，如果我们还没有读过马克思主义基本原理的著作，上来一下子就钻到 1845 年春天之前的马克思、恩格斯早期著作里去，这对初学者、年轻人是不利的。有的这样钻进去就出不来了，跑偏了。这样就学不到马克思主义了。

为什么 1845 年以后的著作属于马克思主义成熟的著作？因为，1845 年春天之后，他们二人的思想都达到了一个新境界——完成了发现历史唯物主义科学世界观的境界。从此以后他们以成熟的历史唯物主义观察分析问题，不再带有其他非科学的东西了。大家学过马克思主义发展史方面的知识，都会明白。为了帮助一些同志钻研这方面的问题，我向大家推荐陈先达、靳辉明教授合著的《马克思早期思想研究》。这两位老前辈把这个问题谈得很透彻，值得我们学习。

马克思、恩格斯成熟期的第一本著作是他们合作的《德意志意识形态》，但这本著作在马克思、恩格斯有生之年没有出版，直到 1924 年才辗转在苏联问世。由于这一历史的原因，一般以他们合作的《共产党宣言》（完成于 1848 年 1 月底）为成熟期著作的主要标志。唯物史观的经典表述，在《共产党宣言》的 1883 年德文版序言和 1888 年英文版序言里，出现过两次，字字句句十分清晰，可别说找不到、没有见过。

学习马克思主义著作的重点内容：

读马列主义著作要突出运用科学理论的价值、真理的规则及批判谬误的基本原理和基本立场、观点、方法。

读马克思主义中国化的著作要突出中国共产党人将马克思主义基本原理同中国具体实际和中华优秀传统文化相结合的百年实践和规律，突出前辈实现"两个结合"的规律和具体结合的经验。

读马克思主义著作要掌握的重点内容：学习和实践马克思主义关于人类社会发展规律的思想、关于坚守人民立场的思想、关于生产力和生产关系的思想、关于人民民主的思想、关于文化建设的思想、关于社会建设的思想、关于人与自然关系的思想、关于世界历史的思想、关于政党建设的思想。总共九个方面的思想。①

（2）学习马克思主义著作的方法

学一篇经典著作，最好先把这篇著作产生的背景和条件搞清楚。如读《法兰西内战》，就应该熟悉 1871 年法国巴黎公

---

① 参见习近平总书记 2018 年 5 月 4 日在纪念马克思诞辰 200 周年大会上的讲话。

社革命的背景情况；读《共产党宣言》，就应该熟悉英国工业革命后西方资本主义的社会变化背景情况；读《哥达纲领批判》就要熟悉 1875 年前后德国工人运动发展的背景情况；读列宁的《怎么办?》，就应该了解俄国社会民主工党建党初期的党内思想情况，以及当时党内的经济派抵制马克思主义传播的情况。这样才能更加深刻、准确地读懂原著。

学一篇经典著作，还要联系与之对立的非马克思主义的思潮，在比较和鉴别中的认识才能达到刻骨铭心的程度。《共产党宣言》在第一次向全世界宣布共产党人的政治主张时，就用了一章的篇幅，详细分析了当时三类（共五种）非科学社会主义的文献和思潮。体现了马克思主义的本质从来就是革命的、批判的。同时揭露了形形色色的假社会主义、假共产主义思潮。

学一篇经典著作，还要在阅读的同时做好笔记和评论，把自己的突出心得和评论写在笔记本上，最好是直接写在阅读的书上，写错了也不要紧，有了新体会可以再加写。总之，这个规则叫做"不动笔墨不看书"或"不动笔墨不开卷"。这是毛泽东同志的读书法，是徐特立先生在湖南一师教给他的，他保持了一辈子，受益匪浅。①

---

① 徐中远：《毛泽东晚年读书纪实》，中央文献出版社 2012 年版，第 451 页。

学马列主义著作，要坚持带着问题学，带着问题到马列著作中找答案、找方法、找根据。结合党的中心工作，结合意识形态的斗争，就可以找到比较有意义的重要问题，学习中就会得到更多的交流和参考，学得就会更加深刻一些。这是一条有效途径。

学马列主义著作，不能看一遍就完事了，要坚持重复学习。隔一段时间，就要再看一遍。遇到相关问题，就要重新查阅、学习。这样，原来不明白的可以变成明白的；原来理解较浅的，现在可以变成理解较深的。随着人们阅历的增加，对多次阅读的著作的理解显然会逐步加深。活到老，学到老，肯定有较多的收获、较高的水平。

学马列主义著作，要防止教条主义、经验主义和修正主义的错误倾向。防止浅尝辄止、自以为是。苏东国家一些领导人，不但缺少学习马列主义的功夫，还自以为是，信口开河，自以为创新，实际上出尽了洋相，在国际共运历史上留下笑柄。有的甚至公开否定在从资本主义向共产主义过渡的整个阶段存在着阶级斗争；他们认为夺取政权之前需要无产阶级专政，夺取政权之后就不再需要无产阶级专政了。还有的煞有介事地宣布：我们可以丝毫不用担心犯错误地宣布，无产阶级专政不适合我们国家的情况。这些自以为高明的人不但给人民带来真正的大灾难，也使自己落得"阶下囚"或"刀下鬼"的结局。

2. 关于读历史学类的著作

毛泽东同志的词《贺新郎·读史》(1964 年春)：

人猿相揖别。

只几个石头磨过，小儿时节。

铜铁炉中翻火焰，为问何时猜得，

不过几千寒热。

人世难逢开口笑，上疆场彼此弯弓月。

流遍了，郊原血。

一篇读罢头飞雪，

但记得斑斑点点，几行陈迹。

五帝三皇神圣事，骗了无涯过客。

有多少风流人物？

盗跖庄屩流誉后，更陈王奋起挥黄钺。

歌未竟，东方白。

毛泽东一生不停读史，读史成为他生活的重要乐趣。

马克思主义的科学历史观、唯物史观是从研究历史发展规律中得出的，又成为研究历史和社会的科学工具。除了学习马列主义，还要学习历史学类的著作，包括学习历史典籍、历史文献、中国和世界通史，以及历史评论。自从马克思主义产生以后，历史唯物主义就是最高形态的历史学。学习历史也是树立科学世界观的需要。学习历史学方面的书，要解决好这样几个问题：

（1）读史学书籍的目的：掌握历史知识、历史方法、历史规律，科学预测历史发展趋势

历史唯物主义的首要的、绝对的前提就是把问题放到一定的历史条件下分析（列宁语）。这就是历史的方法。

学习历史学的好处：中华文明自古重视历史，中国历史上最早的史籍就是《尚书》，即上古史书。随着现代考古学的发展，成果的增加，中华文明历史研究的空间越来越大，被史实证明的历史越来越长。

公元前 3000 年前后，在黄河、印度河、两河、尼罗河流域出现了四个世界上最早的文明中心，并具备大致相同的几个特征。史实证明，中国黄河、长江的两河文明远比西亚的远古两河文明（幼发拉底河与底格里斯河）更加丰富多彩。

其他三个文明后来都走向了毁灭，只有中华文明成为唯一没有断流的文明。这对于增强民族文化自信大有帮助。

我国自从周朝开始就有史官设置。官方修史，成果斐然；虽说剥削阶级修史有其阶级局限性，但毕竟也留下了可供研究的宝贵资料，有助于人们从反面或正面的线索了解和掌握历史发展的规律。剥削阶级官方把许多历史弄颠倒了，我们今天运用马克思主义唯物史观，可以把它再颠倒回去，恢复历史的真相。如果没有史学著作和记载，那就无法研究了。我国史学著作、著述是比较丰富的，有《尚书》《竹书纪年》《左传》《资治通鉴》和"二十四史"等；新中国成立以来出的新史书更多，有《中国通史》（10 卷）、《中国史稿》（7 册）、《中国通史》（12 卷）、《中国近代通史》（10 卷）、《中国经济通史》（9 卷）、《中国社会通史》（8 卷）、《中国近代史稿》（3 册）等。

历史学家的传统也一直在延续和发展。司马迁："究天人之际，通古今之变"；王羲之："后之视今，亦犹今之视昔"；张萱："史以示往知来者也"；龚自珍："灭人之国，必先去其史"；陈垣："守本兼容的文化史观"；李大钊："试看将来的环球，必是赤旗的世界"的历史发展大趋势。历代进步历史学家总是眼观过去、现在和未来。

（2）历史学是每门学问的基础，每一门学科都有自己的历史学依托。马克思主义创新方法：逻辑的、历史的

科学世界观的基本方法：一是逻辑的，二是历史的。这是研究社会历史问题最基本的两个方法。无论学习哪门学说，都要从那门学问的史学入门。研究自然科学技术也要懂得科技史。其实，了解和学习历史，就是一种特殊的调查研究，就是取得发言权的前提。毛泽东同志说："没有调查，没有发言权。""你对那个问题的现实情况和历史情况既然没有调查，不知底里，对于那个问题的发言便一定是瞎说一顿。"① 这就为发言权设立了一个必要的门槛：调查研究，学习历史，不要瞎说，不要乱说。学习了历史，懂得那个学科的历史和来龙去脉，就取得一定的发言权，就进入科学研究的境界了。

习近平总书记多次强调学习历史的重要意义："古人说：'灭人之国，必先去其史。'国内外敌对势力往往就是拿中国革命史、新中国历史来做文章，竭尽攻击、丑化、污蔑之能事，根本目的就是要搞乱人心，煽动推翻中国共产党的领导和我国社会主义制度。"②

---

① 《毛泽东选集》第 1 卷，人民出版社 1991 年版，第 109 页。

② 习近平：《论中国共产党历史》，中央文献出版社 2021 年版，第 4—5 页。

习近平总书记指出："我们要加强对历史的学习，特别是对中国古代史、中国近现代史、中国共产党党史的学习，历史是一面镜子，从历史中得到启迪、得到定力。"①"历史是最好的老师。"②"勿忘昨天的苦难辉煌，无愧今天的使命担当，不负明天的伟大梦想，下定决心，排除万难，在中国特色社会主义伟大道路上，为实现中华民族伟大复兴的中国梦，前进！"③

可见，学习历史不但能够增加知识，培育定力，还能够增强实现中华民族伟大复兴的信心和斗志，增加对历史虚无主义等错误思潮的鉴别和批判能力。

（3）马克思主义对历史科学的评价

马克思、恩格斯在《德意志意识形态》一书手稿中曾写道："我们仅仅知道一门唯一的科学，即历史科学。历史可以从两方面来考察，可以把它划分为自然史和人类史。但这两方面是不可分割的；只要有人存在，自然史和人类史就彼此相互制约。自然史，即所谓自然科学，我们在这里不谈；我们需要深入研究的是人类史，因为几乎整个意识形态不是曲解人类史，

---

① 习近平：《论中国共产党历史》，中央文献出版社 2021 年版，第 9 页。

② 习近平：《论中国共产党历史》，中央文献出版社 2021 年版，第 11 页。

③ 习近平：《论中国共产党历史》，中央文献出版社 2021 年版，第 67 页。

就是完全撇开人类史。意识形态本身只不过是这一历史的一个方面。"① 这是一段对历史科学进行正面评价的深刻文字。

但是，以上这段话，在马克思手稿的定稿中被删除了，只是在注释中做了学习的说明。这是由于该书稿第一卷、第一章、第一节、第一目的小标题的思路有了变化。马克思、恩格斯原来是从"一般意识形态、德国意识形态"这个角度谈起，后来又设想从"一般意识形态、德国的哲学"的角度来谈，在这个思路中可能想从人类知识的两大方面（历史科学、自然科学）构成哲学。显然，后者不如前者更简洁，因此抛弃了这个思路。《德意志意识形态》在马克思、恩格斯有生之年始终没有公开发表，一直处于手稿状态，其第一卷第一章于 1924 年才由苏联以俄文首次发表。可见，马克思写作时删去的东西，并不是没有价值或不准确的东西，而只是当时文章结构不需要的东西。马克思对历史学的基本评价还是完全正确的、十分深刻的。

类似例证还有：毛泽东同志在党的六届六中全会的报告《论新阶段》中，第一次提出了马克思主义中国化这个命题，在当年的《解放》杂志公开发表。但是，后来该文于 1952 年

---

① 《马克思恩格斯文集》第 1 卷，人民出版社 2009 年版，第 516、519 页。

收入《毛泽东选集》的时候，毛泽东同志却删掉了这句话，换了一个提法。但这并不能说明这句话不重要。当时的原因是国际上苏南对抗，南共的铁托同志由于要在苏联以外拉几个社会主义国家搞自己当首领的"多瑙河联邦""巴尔干联邦"，与斯大林发生了对抗。铁托的这种独立倾向受到了斯大林的批判。从当时的国际大局出发，其他国家的共产党此时也不宜宣传具有民族独立性特点的内容。经过 20 世纪 60 年代的大论战，破除了赫鲁晓夫和勃列日涅夫大党主义的干涉，各国共产党才逐步走上了独立自主发展本国社会主义事业的道路。在中国特色社会主义新时代，中共中央把中国共产党百年传统概括为马克思主义中国化的三次飞跃，并认为这是我们党百年取得成功的原因所在。看来，用马克思主义中国化这个提法来概括中国共产党人坚持和发展马克思列宁主义的理论创造，是正确的，富有远见的。

（4）历史书籍的种类

一是通史。包括中国通史、世界通史。通史代表一个时代历史研究和历史科学的发展总体水平。现在最新的《中国通史》是白寿彝教授总主编的 12 卷 22 册的版本，时间跨度是从约 180 万年前的远古到 1949 年的中国历史。从司马迁的《史记》

以下各朝代官方撰修的前朝历史，客观上形成了一部最大的通史——二十四史。通史这种形式，体现历史发展趋势的优点较明显。

二是断代史。一个历史阶段的历史，如《春秋》《左传》《史记》《汉书》；中国古代史、中国近代史等。断代史由于集中攻一个阶段的历史，一般史实比通史更加详细。

三是历史文献、原始文献（第一手资料）、档案资料。中国最早的历史文献集《尚书》《竹书纪年》的主要篇章，被越来越多的考古成果证明是比较可信的历史资料。

四是注意及时了解考古新成果。这是开阔历史视野，认识中华文明和优秀文化的一条重要途径。

1973年河南安阳殷墟深层考古发现，证实了商的史实存在，发现了商王武丁王后妇好之墓，得到了比较成熟的文字——甲骨文几千件；2021年的河南偃师二里头考古结论证实夏代大型集聚人口都城的存在，使得古文献记载的夏朝被证实；1973年前后的浙江余姚河姆渡遗址考古，验证了7000年前浙东稻作农业的普及，这些考古成果把古文献中的传说时代变成了被证实存在的时代，中华文明的历史在考古挖掘中延长。司马迁《史记》记载的"五帝本纪"只有4000多字；而现在的中国上古史最详细的记述史书达1148页。

2002 年，保利艺术博物馆从国外文物市场将青铜器燹（xiǎn）公盨（xǔ）买回，上有铭文"天命禹敷土，随山浚川"。历史学家大为吃惊："禹敷土"见诸《尚书·禹贡》；"随山浚川"见诸《尚书·禹贡》的序。这就证明《尚书》的有关篇目是有根据的历史记载。我们了解的历史随着考古的发掘，在广度和深度上不断延伸。

考古是延续和发展历史唯物主义科学方法的新领域。这一点，马克思、恩格斯借摩尔根原始共产主义社会研究而对人类社会历史规律有了更加深刻的观察。

五是经常阅读马克思的历史理论、毛泽东的历史理论、习近平《论中国共产党历史》等著作，关心历史学领域的学术论文和争论。

（5）读历史书籍的方法

第一，注重中外历史研究比较和不同观点历史研究比较。不同意识形态、不同阶级的研究者结论大相径庭。有比较才有鉴别。

第二，在同一种社会意识形态下，注意不同历史时期、不同历史背景下历史研究的区别。真理随时间、实践而显露。丁山先生破译了某些神话，如黄帝、炎帝、蚩尤的年龄是部落的历史长度，商朝都邑迁徙 16 次，从而结束了多年的争论和怀疑。

第三，注意把颠倒的历史再颠倒过来。旧社会的历史都是剥削阶级修订的历史，对人民的劳动、创造、反抗、革命持否定态度。一些非马克思主义学者也会歪曲历史，或掩盖历史一部分真相，在阅读和学习中应该注意拨乱反正。

第四，掌握历史主题、主线、主流、本质的方法，发现和坚持真理。

第五，始终以历史唯物主义的基本方法作为阅读历史书籍的指导。

（二）关于科研

在读书的基础上，加上理论联系实际和深入的理性思考，就是我们的科研。科研就是运用学得的马克思主义科学理论解决现实问题和理论难题的过程。如果能够运用马克思主义说明一两个问题，就应该受到称赞，其中，说明得越多，成就越大。

科研能力实际上是检验马克思主义学科质量的一个重要标准。对一些复杂的理论问题不敏感、判断不准确、导向不明确、管理和引导措施不得力，往往反映了马克思主义理论水平的局限。如果马克思主义理论队伍没有较高的马克思主义理论水平和研究能力，是不能有效引导和团结人民群众完成民族复兴大业的。

从中国特色社会主义事业的发展需要来看，我们非常需要千百万高质量的青年马克思主义者，参加理论战线的工作。

1. 怎样选择研究方向和科研课题

（1）马学科的研究方向要根据党的中心工作的需要来确定

有人常常通过引用鲁迅的事例去否定在党的领导下的战斗。其实鲁迅从来都是听从"将令"的，钱玄同希望他投入战斗，鲁迅就开始写小说汇成《呐喊》；因为五四运动"主将是不主张消极的"，他就在《药》的瑜儿坟上加了一个花环。而且，鲁迅在抗战期间制定的文化战线上的统一战线主张被党中央采纳。

许多老一辈的同志就是在党的中心工作中逐渐成长为理论家的。

（2）根据自己积累的知识和研究基础来确定

要发挥自己的优势，才能选好科研的突破口，发挥自己的长处。我的博士论文之所以选择英国工党领袖社会主义理论研究，是因为我学过英国近现代史专业、国际共产主义运动史专业，具有科学社会主义理论的基础。这篇论文被收入中国人民大学博士文库。

（3）根据自己能够掌握的资料情况来确定

写一篇文章能不能找到相关资料，这是首先要考虑的。对资料要有一个初步的摸底和调查。我做博士论文前，经过对中央编译局图书馆、现代国际关系研究资料中心等单位的摸底，感到资料没有短缺，便决心选定博士论文的题目。

（4）不要在乎一些肤浅的学术刊物编辑的评价

不能正确对待青年马克思主义研究者本身就是短见的。他们往往看不到青年学者的未来发展。我在获得博士学位前后，饱受一些编辑的贬低和蔑视，但是事实证明他们错了。鲁迅把这种任意贬损青年学者的编辑比喻为"一头瘦驴在嫩草地上的践踏"。只要自己下了真功夫，就该具有自信。

2. 当前马学科选题的广大范围

如，习近平新时代中国特色社会主义思想的研究；党的百年史有关问题及规律的研究；历史虚无主义等错误思潮的研究；互联网新媒体思政教育规律和形式的研究；马克思主义原理及其教育、传播规律的研究；世界社会主义的现实与历史及其规律的研究；思想政治教育的内容、方法、制度的研究；等等。

（1）习近平新时代中国特色社会主义思想的研究

习近平新时代中国特色社会主义思想产生的时代背景和条件；习近平新时代中国特色社会主义思想的时代特点；"十个明确""十四个坚持""十三个方面成就""六个必须坚持"的重大理论意义；党的百年历史四个分期的重大理论意义；马克思主义中国化的"两个结合"；党的十九届六中全会《决议》"两个确立"的伟大意义；习近平新时代中国特色社会主义思想与中华优秀传统文化成果；等等。

（2）党的百年史有关问题及规律的研究

2021 年前后都是党史党建研究的大节点，也是马克思主义研究的重大节点。以共产主义信仰为旗帜、以两种制度的斗争为主线、以成就为主调、以苏东教训为反照，深化发展规律的研究非常必要。

（3）历史虚无主义等错误思潮的批判研究

党的十八大以后，党中央在中办 9 号文件里（2013 年 4 月）

倡导批判七种社会思潮，重点是历史虚无主义、"普世价值"、宪政民主、新自由主义等。不要另起炉灶去批判别的思潮，小心某些势力设置的学术研究陷阱。

（4）互联网新媒体思政教育规律和形式的研究

这是个常青藤式的课题。"过不了互联网这一关，就过不了长期执政这一关。"① 可见其极为重要。

3. 马学科选题的导向

（1）政治导向——马列指导、政治方向、现实意义

第一，遵照马克思主义的立场观点。正确对待《1844年经济学哲学手稿》、西马（西方马克思主义）、新马（新马克思主义），正确对待西方资产阶级的抽象的人、抽象人道主义，正确对待新中国两个三十年；严格区别共产党与社会党的意识形态的本质。

第二，政治方向就是要与以习近平同志为核心的党中央保持一致，做到"两个维护"、树牢"四个意识"。正确理解和掌握党的集中统一领导与"党政分开"的区别，两种改革观的

---

① 《习近平著作选读》第 1 卷，人民出版社 2023 年版，第 453 页。

根本区别。

第三，现实意义，即有利于凝聚全国人心，团结奋斗，实现民族复兴。

（2）问题导向——体现针对性，具体准确解疑释惑

第一，针对问题要具体，便于深入和展开。忌空泛。

第二，有一定的共识基础和代表性。有争议尚需进一步说明的问题，更有研究的价值。

第三，党中央倡导论证的问题或需要批判的思潮。

（3）结合宣传、学习的节点的选题

第一，配合重大节点的研究，能够借助于历史积累的优势和关注力。

党的十九届六中全会《决议》，涉及社会主义建设规律和党的基本理论，课题众多。如，中国人民志愿军抗美援朝出国作战 70 周年：激发自信、爱国、反帝斗争精神。建党百年：激发对党的领导的信任和共产主义信仰。纪念十月革命百年：激发对两个必然的信念，认识社会发展大趋势。纪念中国恢复联合国合法席位 50 周年：涉及反帝制裁孤立政策、独立自主、爱国自信、自豪感等。

第二，配合重大节点的研究，是总结历史经验、继往开来的历史时机。

如，纪念马克思诞辰 200 周年，开启新时代学习马克思主义的新局面。纪念《关于建国以来党的若干历史问题的决议》，深化党的总结历史经验的传统和自觉。

（三）关于就业

马克思主义理论学科的博士毕业生虽然越来越多，但就业形势还是越来越好，越来越明确了。各级党政机关、研究机关、高等院校的理论工作、教学研究工作、思想政治教育工作都是我们就业的接收大户。

同时，随着就业资源的增长，用人单位对我们的要求也会越来越高。专业基础较好、科研能力较强、适应性较好的同学显然会更快更好地得到安排。

1. 积极争取被选择的同时，也要慎重分析对方的条件，然后加以取舍

用人单位的用人意向；用人单位的风气；用人单位主要领导人员的状态和作风；解决日常生活问题的条件和速度；

具体工作单位的人才结构；具体岗位的顶头上司对接收博士生的态度；外界对这个单位工作环境的评论。这些情况弄清楚了才能看到自己在这个单位的发展处境。对于这些方面的问题，如果不能接受，就不要迁就，要果断一些，不要因为贪恋一些眼前的小便宜，而耽误自己的大事，或付出曲折代价。

2. 一次性选定与进行多次选择

一旦慎重选定，就要尽量坚持一次做好，遇到不顺利、意外困难，能克服的也要尽力就地克服，不要轻易做出放弃努力的决定。发现问题快、发现问题多的单位，未必是坏事，一般往往是政治透明度较大，问题比较简单的地方，开始的吃苦和曲折，只要能够争取到好的前景，就不要动摇，这是在一个单位长期顺利发展的必由过程。与此相反，一些没有不同意见反映出来的单位也可能是问题较多、根子较深、遇到问题更不好解决的地方。要辩证地看待最初遇到的各种现象。如果遇到难以逾越的发展障碍因素，如人事关系、工作基础、关键岗位长期难以配合，可以考虑更换工作单位。不过，要正确总结经验，以新的面貌迎接新的环境。

3.进出一个单位要善始善终

进出一个单位不要学李白"会稽愚妇轻买臣，余亦辞家西入秦。仰天大笑出门去，我辈岂是蓬蒿人"（《南陵别儿童入京》）那样的傲气。基本态度是要好说好散为上。旧单位走得稳当，新单位才能进得顺当。一个人在某一单位遇到的看似特殊的一些现象，其实都不是特殊的。人类社会，初级阶段，其实许多情况是大同小异，对一个人的影响因素也差不多。胸怀要宽广，度量要大一些，相信群众相信党，相信社会终会做出公道评价，相信品格高尚的表现最终赢得人心，这是为人处世的基本原理。

4.无论何种情况都不可放松业务上的努力

一旦就业，无论遇到什么样的情况，无论需要做出什么样的努力，自己的业务提高、业务工作都不能有丝毫的损害和放松。因为最终决定你的社会地位的是你的水平和努力，而不是你的工作环境。在业务上应该虚心好学，尊重别人的成就，学习别人的长处，而且要活到老、学到老。一息尚存，学习提高不止。这样的精神状态，不可能不成功。

党和国家对我们这一代青年人才寄予极大希望，我们要亲手完成建设社会主义现代化强国的历史使命，应该信心百倍地努力奋斗！

（本文原题为《马克思主义学科博士研究生的读书、科研和就业》，载于《北京青年研究》2022 年第 3 期，经授权修改后收录。）

二、探索者的探索：青年学者的自我成长

对话是师生交往的至臻之道。对话体的《论语》《理想国》，折射出杏坛与学园之中的"其乐也融融"。作为教员，我乐于给青年学生讲，也乐意听青年学生讲。教书这些年，我一直保持着这样的教学习惯：每次上课时，先请学生们讲讲新近的阅读体悟。在共享他们"远近高低各不同"的新鲜见解中，我似乎真切看到了一个个马克思主义青年学者的自我成长。

恩格斯评价马克思说，他"就像一个观察者站在高山之巅俯视下面的山景一样"，"把现代社会关系的全部领域看得明白而清楚"。① 青年者，年轻者也。"思想的高山"是矗立在他们面前的，"仰视"才是他们的直观体验，这大概就是"高山仰止"的表浅含义。"心向往之"是尾随高山仰止而来的自然而然而又理所当然的心境。这重心境，给予了马克思主义青年学者"以学术为志业"的思想冲动，从而牵引着他们成为思想的

① 《马克思恩格斯选集》第2卷，人民出版社2012年版，第70页。

探索者，开启了"思想爬坡"的历程。这是探索者的探索历程，注定艰难而又必然充实。作为所谓的"过来人"，我愿真诚而不教化地提供一点"老人言"，或许是有益于他们的。

（一）在科学入口处坚守

马克思主义青年学者的思想探索路途，起点不尽相同，终点也必然各有相异，但无论如何，总归是有一个"入口处"。

马克思主义是一门真正的科学，抵近（进）科学的入口处本身就是一件十分幸运(不易)的事情。《论语·子张》记载道："夫子之墙数仞，不得其门而入，不见宗庙之美，百官之富。得其门者或寡矣。"其意大致为，孔夫子的学问，就好像高高的宫墙，有数仞之高，如果找不到进入的门口，便看不到里面宗庙的宏伟壮观、连绵房舍的多彩多姿，可以入其门者本来就很少。夫子之道如此，马克思主义真理之道更是如此！真理向来是朴素的，可是体悟到真理向来又是困难的。曾经就有学生和我动情讲，唯当经历了许多次"无头脑"的思想尝试，唯当经历了许久的思想困惑，他才稍稍进入了马克思主义的门。

晋人陶渊明在其《桃花源记》中，运用虚景实写的手法，言说了武陵渔人的奇妙行踪，"林尽水源，便得一山，山有小口，仿佛若有光。便舍船，从口入。初极狭，才通人。复行数十步，豁然开朗。"从科学的入口处进入，"复行数十步"就豁然开朗，这恐怕是马克思主义青年学者大皆希望的事情。但人生不如意事十之八九，学问之事又怎会是一番坦途呢？这里留不得半点天真。正如，马克思主义本身是马克思经历了重重坎坷后的伟大思想创造，唯物史观与剩余价值的"两大发现"都是历经风雨后的绚丽彩虹。又如，为了《资本论》的写作，马克思更是"一直在坟墓的边缘徘徊"。话讲回来，在"极狭"的处境当中，武陵渔人那数十步恐怕也不是如想象中那般轻巧容易。

　　万事开头难，每一门科学都是如此。所以，对待马克思主义的入门之难，青年学者大可不必久久失落，更不必彷徨以至于止步不前。马克思告诉我们说："在科学的入口处，正像在地狱的入口处一样，必须提出这样的要求：'这里必须根绝一切犹豫；这里任何怯懦都无济于事。'"①犹豫与怯懦，并不是深思熟虑、考虑周密的表现，只是显示了思想与意志的摇晃摆动，只会阻滞思想前进的步伐，只会使青年学人的学术探研之路充满这样那样的遗憾。对于青年学者来说，尤其应当以不犹豫的心态对待探索之路，不放弃、不退缩、不止步。也许，思想爬坡

---

① 《马克思恩格斯选集》第 2 卷，人民出版社 2012 年版，第 5 页。

路上阻力重重，理论奋进道上"拦路虎"众。但生活的辩证法启示我们，山重水复疑无路之时，或许就是柳暗花明又一村之日。

　　既然来到了科学的入口处，便要下定决心只顾风雨兼程了。"在科学上没有平坦的大道，只有不畏劳苦沿着陡峭山路攀登的人，才有希望达到光辉的顶点。"① 探索者的探索之旅，必然是奋斗之旅、拼搏之旅、奋进之旅。沿途的景观如何，首先取决于你付出多少。要想"一览众山小"，就要"会当凌绝顶"；要看"无限风光"，就要"在险峰"之上。世界不会满足人，人决心以自己的行动来改变世界；成功不会自动到来，青年学者决心以自己的奋斗创造成功的条件。学术路上没有捷径可走，没有小道可行，行不由径方为大道，只有勤修内功、下足苦功、练好硬功，才能久久为功。思想的田野足够广域、足够丰饶、足够肥沃，承载得下许许多多青年学者的耕耘与付出，能够让想发展、要发展的青年学者找到属于自己的研究节奏。

（二）在经典研读中求真

　　一个"学"字，点明了马克思主义青年学者的要务在学。

---

① 《马克思恩格斯文集》第 5 卷，人民出版社 2009 年版，第 24 页。

所谓"不学则无术",马克思主义青年学者不学就没有安身立命的真本领;又所谓"取法其上,得乎其中。取法其中,得乎其下",经典也,上法也,马克思主义青年学者要学就要学经典,这是其成长成才、探索真理的正道。

在马克思主义理论学界,越来越有这样的学术共识:中国共产党是马克思主义的守正创新者,也是中华优秀传统文化的守正创新者。有论者提出,我们党在思想理论上有两个"老祖宗",一个是马克思主义,一个是中华优秀传统文化。沿着这一理解,我们有确凿理由说,对马克思主义青年学者而言,研读经典,主要就是要研读马克思主义经典和中华传统经典。

其一,在研读马克思主义经典中走向科学理论的深处。马克思主义经典历久而弥新,闪烁着真理的光芒。研读马克思主义经典的过程,就是品尝"真理的味道""在思维中把握真理"的过程。一个不读马克思主义经典的所谓马克思主义学者,是虚有其名、名不副实的。习近平总书记就特别指出:"对马克思主义的学习和研究,不能采取浅尝辄止、蜻蜓点水的态度。有的人马克思主义经典著作没读几本,一知半解就哇啦哇啦发表意见,这是一种不负责任的态度,也有悖于科学精神。"①

---

① 习近平:《在哲学社会科学工作座谈会上的讲话》,人民出版社2016年版,第12页。

　　研读马克思主义经典，要回到原本学。恩格斯在《资本论》第三卷序言中曾指出："一个人如果想研究科学问题，首先要学会按照作者写作的原样去阅读自己要加以利用的著作，并且首先不要读出原著中没有的东西。"① 原原本本读马克思主义经典原著，是马克思主义青年学者首先要下的苦功。只有回到马克思，回到马克思主义经典，才能把握马克思主义何以是真理。要结合时代学。马克思主义是时代精神的精华。时代条件不同或者发生变化，马克思主义的理论形态也就不同或者发生变化，因而我们可以看到，在马克思主义宏大理论系统中矗立着源出一脉而又各具特色的理论景观。对马克思主义青年学者来说，学经典不能局限于马克思、恩格斯，而要在时代浪潮中谛听马克思主义，特别是要用马克思主义中国化时代化的最新成果武装头脑，学懂弄通做实习近平新时代中国特色社会主义思想。

　　其二，在研读中华传统经典中走向民族历史文化的深处。中华传统经典是中华民族的文化元典，见证着中华文明的历史沉淀，诠释着中华优秀传统文化的基本内涵。当前，"第二个结合"命题，即把马克思主义基本原理同中华优秀传统文化相结合的命题，无疑是马克思主义理论学科视域中最为重要的学

---

① 《马克思恩格斯文集》第 7 卷，人民出版社 2009 年版，第 26 页。

术命题之一。"第二个结合"是又一次的思想解放，让我们能够在更广阔的文化空间中，充分运用中华优秀传统文化的宝贵资源，探索面向未来的理论和制度创新。这启发我们马克思主义的研究者，要自觉解放思想，不能"就马言马"，只学习马克思主义经典，而要把思想的视野拓展拓深到中华民族文化的深处，学习中华传统经典。唯当如此，才能体悟从而做到（好）"第二个结合"。对马克思主义青年学者而言，就要既深入马克思主义经典文本把握其基本原理，又深入中华传统经典挖掘且推动实现其优秀因子的创造性转化与创新性发展，进而在二者的结合处思忖自身的时代责任、民族责任、学科责任，以更好为建设中华民族现代文明贡献学术智识。

（三）在前沿把握中问道

图灵奖得主理查德·汉明在题为《你和你的研究》的著名演讲中说："如果你不致力于解决重要问题，就不可能有重要的成果。"什么是"重要的问题"？大概就是学术前沿问题。前沿问题是社会深层本质的问题反映，是学界研究的焦点问题。马克思主义青年学者只有走到学术的问题前沿处，才能看得清壮阔的时代洪流，也才能有机会共襄学术盛宴。

学术研究本身就是以思想的形式介入（回应）问题。就当前来说，马克思主义理论学界学术成果很多，但并不是所有的成果都是前沿成果；学术问题很多，但并不是所有的问题都是前沿问题。马克思指出："问题就是时代的口号，是它表现自己精神状态的最实际的呼声"，并明确"真正的批判要分析的不是答案，而是问题"。① 这里的问题恐怕不是一般的仅仅面向自我、满足自我、回应自我的问题，而是面向时代、反映时代、表征时代的前沿问题。马克思主义青年学者不能满足于（沾沾自喜于）一般的问题研究，而要谛听时代"最实际的呼声"，勇立学术问题前沿，发思想之先声。

把握前沿问题好似要攀爬到山峦之巅，注定行路难！行路难！多歧路！但有志于学术、有志于笃信笃行真理的马克思主义青年学者都应当自觉向前沿问题靠近，主动去回应前沿关切。李大钊指出："青年之字典，无'困难'之字，青年之口头，无'障碍'之语；惟知跃进，惟知雄飞，惟知本其自由之精神，奇僻之思想，锐敏之直觉，活泼之生命，以创造环境，征服历史。"② 青年人所具有的这种精神特质，决定了青年学者有把握

---

① 《马克思恩格斯全集》第 40 卷，人民出版社 1982 年版，第 289—290 页。
② 《李大钊全集》第 1 卷，人民出版社 2013 年版，第 330 页。

时代前沿问题的主体能动。正如，当切中了资本主义时代脉搏的《共产党宣言》发表时，马克思才30岁，恩格斯才28岁。厚植中国学术的青春力量，壮大中国学术的青年声音，是时代的呼唤，是时代的要求。

紧接着的问题是，当今时代马克思主义理论学科的前沿问题是什么？对这个问题的回答恐怕是多元的。有论者说，中国式现代化问题之于实现中华民族伟大复兴、回应世界现代化之问、引领世界现代化潮流具有切近意义，因而是前沿问题；另有论者说，当代中国马克思主义、21世纪马克思主义之于当代中国与世界具有深刻的理论观照性、现实的理论引导性，因而是前沿问题；还有论者说，人类命运共同体思想、人类文明新形态反映了世界发展、人类文明演进的未来向度，因而是前沿问题……恐怕这些论点都各有其道理、学理、哲理，但视角不同、侧重不同。

这反映着前沿问题的多重面相、多重内涵，决定了前沿问题不是自然而然地摆在青年学人面前的。青年学者自然应当通过各种学术刊物文章、学术会议、学术活动等等，来思考学术前沿问题，但绝不能人云亦云，一味追逐热点，只做学术上的"表面文章"。有句老话说，"有心栽花花不开，无心插柳柳成荫"。实际上，就学术研究来看，多数真正有前沿意义的成果，都是"有心插柳之作"。也就是说，通常情况下，学人都会对前沿问题有一定程度的感觉，但"感觉到了的东西，我们不能立刻理解它；只有理解了的东西才更深刻地感觉它"。青年学者不仅要感觉到前沿问题，而且要深刻理解前沿问题，把前沿问题内化为个人的学术追求。马克思主义青年学者要善于从时代呼唤出发，从现实实际出发，特别是要从自身思想资源出发，把握前沿问题。

（四）在笔耕不辍中立身

以作品发声，靠文章说话，是学人立足之根、立身之本。青年学者要想在学人中间脱颖而出，就需要笔耕不辍，把思想谱写在纸上，用文字确定个人的学术标签。我深信，高质量的写作，就是马克思主义学者特别是青年学者"有原则高度的实践"。

很多青年学者，乐于研读经典，也勤于思考学术前沿问题，但总是不能（不愿）用进行"创造性的文字工作"。实际上，写作是检验经典学习成效、回答学术前沿问题的必然要求。一篇篇学术文章、一部部学术著作，是青年学者不断努力的明证，是青年学者独特才华的证明，是青年学者学术经历的生动注脚。不把思考落于纸上的学者，就好像不会种地的农民一样。特别是，如果不勤写作，就无法实现学术抱负，就必然会泯然于同行当中。文字弥合了我们同古今中外学人思想对话的时空距，文字使老子、孔子、孟子、苏格拉底、柏拉图、亚里士多德等等哲人跨越时空同我们照面。思想之花，总是要以文字为果。直到今天，评价学者的学术成就，主要还是通过丈量其文章著作的深度、广度来进行的。

作为马克思主义青年学者更要笔耕不辍，以"妙手著文章"的方式"铁肩担道义"。这一方面，我们要特别向马克思、恩格斯学习。1845 年 1 月，恩格斯在致信马克思时，特别建议，"目前首先需要我们做的，就是写出几部较大的著作，以便向许许多多非常愿意干但只靠自己又干不好的一知半解的人提供必要的依据"①。同时，他深刻自我表达，"一个人身为共产主义者如果不从事写作，或许还可以在表面上充当资产者和做生意的牲口，但是，如果他既要从事大量的共产主义宣传，同时又要做生意和搞工业，那就不行了"②。这在某种意义上提示了马克思主义学者的写作使命。马克思、恩格斯成为思想伟人，离不开写作上的勤勉。中文第一版《马克思恩格斯全集》共

---

① 《马克思恩格斯文集》第 10 卷，人民出版社 2009 年版，第 28 页。
② 《马克思恩格斯文集》第 10 卷，人民出版社 2009 年版，第 30 页。

50 卷，收入马克思、恩格斯 2000 多篇著作，4000 多封书信，400 多件文献资料，字数达到 3200 万字，这充分显示了马克思、恩格斯在写作上的孜孜不倦。马克思主义青年学者，要在敲击键盘中、笔书文字中，不断提升学术生产力，提高理论思维能力，夯稳理想信念根基，筑牢学术使命，用心、用情、用力谱写时代大文章。

写作使人精确。马克思主义青年学者可以在写作中获得自身的学术标签。一般来看，当某个青年学者围绕特定主题发表系列高质量学术作品后，学界就会用作品定义作者，因作品记住作者。在我作为青年学者以探索者的身份介入社会工程研究时，关于社会工程的种种思考"几乎占据了我全部的思维空间"，终于在这一"学术富矿"中开发出一点东西，社会工程哲学也成为我最具标识的学术标签。学术标签好像是导航图，可以引导马克思主义青年学者在特定方向持续学术深耕，不断有所作为。因而，我特别鼓励我名下的硕博士、学院的青年教师，要每日动笔，勤于写作，不断在写作中找到理论研究的快乐感、满足感、成就感，努力获得良好学术标签。麦克唐纳特别将"个人学术标签"列为他给青年学者的 17 条建议之一，强调"就像刚开始某个学术标签是来形容你的学术抱负的一样，它最终也会成为晚年总结你学术生涯的句号"。

（五）在理论宣讲上明志

好的宣讲，可以起到"有声润物"的作用。马克思主义学者既要"学好"马克思主义，也要"宣好"马克思主义。马克思主义青年学者要用宣讲明大志，把青年热情讲出来，把坚定信仰讲出来，把科学理论讲出来，要自觉担当宣传科学理论、讲好中国故事的排头兵，为时代的发展鼓与呼，用理论掌握群众，让理论声入人心。

要讲好党的创新理论。习近平总书记强调："新时代坚持和发展中国特色社会主义，需要大批能把马克思主义中国化讲好的人才，讲人民群众听得懂、听得进的话语，让党的创新理论'飞入寻常百姓家'。"① 习近平新时代中国特色社会主义思想，是当代中国马克思主义、二十一世纪马克思主义，是中华文化和中国精神的时代精华，实现了马克思主义中国化时代化新的飞跃。马克思主义青年学者要真学、真信、真用之，并且以高度主体自觉宣传之。马克思主义青年学者要发挥青年能动性，利用青年独特优势，创新理论表达、宣传方式，做到用彻

---

① 《习近平春节前夕赴云南看望慰问各族干部群众　向全国各族人民致以美好的新春祝福　祝各族人民生活越来也好　祝祖国欣欣向荣》，《人民日报》2020 年 1 月 22 日。

底的理论说服人、用深厚的学理滋养人、用生动的话语吸引人，推动党的创新理论更好入人心、更好见行动。马克思主义青年学者要敢于在意识形态领域"亮声音"，坚决用党的创新理论定风波、回杂音，使守正创新的马克思主义科学理论被高高举起。列宁指出："应当时刻不忘我们的最终目的，随时进行宣传，保卫无产阶级的思想体系——科学社会主义学说，也就是马克思主义——不被歪曲，并使之继续发展。"① 这具有很强的时代启发性。

要对外讲好中国故事。习近平总书记指出："我们国家发展成就那么大、发展势头那么好，我们国家在世界上做了那么多好事，这是做好国际舆论引导工作的最大本钱。我们有本事做好中国的事情，还没有本事讲好中国的故事？我们应该有这个信心！"② 落后就要挨打，贫穷就要挨饿，失语就要挨骂。马克思主义青年学者要自信自强，积极对外讲好中国故事、传播好中国声音，讲好新时代中国共产党治国理政故事，讲好中国式现代化的发展故事，讲好人类文明新形态的文明故事，展现可信、可爱、可敬的中国形象，让世界更好读懂新时代的中

---

① 《列宁专题文集　论马克思主义》，人民出版社 2009 年版，第 303 页。
② 《习近平关于总体国家安全观论述摘编》，中央文献出版社 2018 年版，第 115 页。

国。马克思主义青年学者特别要利用好国际平台，积极主动把中国重大理论创新成果介绍给外国学者，使国外学者更好理解马克思主义何以在中国以及如何中国化时代化。

（六）在学术交流中提升

马克·吐温在《苦行记》里面说，"一个人终生偏处世上一个小角落里，庸庸碌碌地过日子，对人生和事绝不会有远大、宽宏和仁慈的看法"。做学问亦是如此。学术探索不应当是"独自攀援的苦旅"，也不应当成为"闭门造车的事情"，而是需要"敞开门来交流"。马克思主义青年学者特别需要通过学术交流，融入学术共同体，实现自我提升。

要以学术交流开阔研究视野。人生也有涯，而知也无涯。任何学者的研究视野都是相对有限的。如果不积极拓宽视野，往往会不自觉造成思想研究的某种缺憾。所谓"独学则孤陋寡闻，千虑则必有一失"。比如，费尔巴哈长达 20 余年的乡居时间，一定程度上阻滞了他对外面世界的了解，特别是对自然科学发展程度的了解，也在某种意义上回答了费尔巴哈哲学何以具有不彻底性。费尔巴哈这样的大哲学家尚且如此，一般的学者特别是青年学者如果不积极拓宽研究视野，又怎能行稳致远呢?！青年学者正值学术事业攀爬期，更需要在开阔视野中自我成长。学术交流的过程，是知识交换的过程，也就是学人研究视野的彼此交互过程。

通过发挥学术交流的正效应，青年学者可以及时更新知识结构、发现学术热点、增进科研兴趣、找到创新突破口等。马克思主义不是"书斋里的学问"，马克思主义学者也不是"书斋里的学者"。从马克思主义的壮阔发展来看，正是在无数政治家、学者的交流交锋、争论争鸣中，马克思主义得到不断发展，马克思主义的真理性质得到不断凸显。学术交流是马克思主义学者催动马克思主义理论发展、马克思主义学术繁荣的基本方式。具体到马克思主义青年学者而言，高质量地参与学术交流活动（学术会议、学术出版、学术访问等活动），是马克思主义青年学者融入马克思主义理论学术共同体，并且在这一学术共同体中尽快成长的良好方式。马克思主义青年学者要不断提高学术交流能力，在交流中自我表现、自我锤炼、自我拔高，成为繁荣学术共同体的有生力量。

总之，在探索者的探索之路上，马克思主义青年学者要坚定信心、求索真理、谛听前沿、笔耕不辍、宣讲明志、交流融入，在学术奋进中找到自我充盈之法、自我成长之道、自我安身之处。

三、我书架上的那些神明：谈谈读书

　　曾经有人说过，人的一生从阅读开始，读书是人生最好的修行。也有人说，"读书，世界就在眼前；不读书，眼前就是世界"。几乎所有人都认为读书非常重要，但读什么样的书，则常常见仁见智。对于青年人而言，如果有很多书可选，应该首选读一读不同时代伟人的思想。从这一点上讲，这个时代最伟大的、最值得纪念的人便是马克思。作为伟大的无产阶级革命者，马克思的学说在历史长河中闪烁着耀眼的真理光芒，马克思的思想哺育着全世界无产阶级革命运动不断发展，马克思主义经典著作虽历经时光流逝但成为光辉的永恒。所以，青年们只有认真阅读马克思主义经典著作，系统掌握马克思主义基本原理，才能理念上清晰，行动上坚定，用马克思主义的立场观点方法分析问题和解决问题，把中国特色社会主义事业向前推进。

（一）什么是马克思主义经典著作？

世纪之交，英国广播公司（BBC）在全球范围举行过一次"千年思想家"网上评选，卡尔·马克思荣登榜首。马克思一生与书为伴，读书之广博鲜有人及。马克思主义经典著作凝结着马克思等经典作家的心血和智慧，蕴含着马克思主义基本原理，是人类精神财富的结晶。青年学习掌握马克思主义最应从阅读马克思主义经典著作做起。在我们回答什么是马克思主义经典著作之前，先让我们思考什么是经典？什么著作才能被称为经典？

《辞海》认为"经典"一词有三个含义，第一个是重要的、有指导作用的权威著作；第二个是古代儒家的经籍；第三个泛指宗教的经书。从中我们也能看出，中国汉语体系中将经典视为那些具有权威性、典范性和价值性并且经久不衰的传世之作。《论语》作为"四书"之一，自宋代起一直是我国古代科举考试的必读书，可谓"半部《论语》治天下"，侧面反映出其中蕴含的政治、伦理、道德等思想影响深远。经典之所以被称为经典，是因为经受得起时间的沉淀和实践的考验。而马克思主义经典著作作为无产阶级革命兴起的时代特征与马克思、恩格斯思想的紧密结合，是人类文明成果的重要表现和高度反映，经历了百年的社会发展变化检验，具有跨越时空的思想伟力，已然成为不可逾越的思想高峰。

马克思主义经典著作是马克思主义理论的本源。其中，马克思、恩格斯的经典著作，更是马克思主义的奠基之作，是马克思主义基本原理的文本依据。对于青年来说，应当优先学习马克思、恩格斯的经典著作，只有原原本本地认真研读马克思主义经典文本，坚持读原著、学原文、悟原理，才能吸收马克思主义的精髓，把握马克思主义的动向，培植马克思主义的理论厚度。1844 年，马克思写下《1844 年经济学哲学手稿》，对古典政治经济学、空想社会主义以及"黑格尔的辩证法和整个哲学"进行批判性考察，提出了异化劳动理论。1845年春天，马克思写下"包含着新世界观的天才萌芽的第一个文献"《关于费尔巴哈的提纲》，以科学实践观为基础，对全部旧哲学作了纲领性批判。1848 年，作为马克思主义纲领性文献的《共产党宣言》发表，揭示了资本主义必然灭亡和共产主义必然胜利的社会历史规律。毛泽东同志曾说："《共产党宣言》，我看了不下一百遍，遇到问题，我就翻阅马克思的《共产党宣言》，有时只阅读一两段，有时全篇都读，每读一次，我都有新的启发。"[1] 这部著作也应当是青年人坚守共产主义信仰的坚

---

① 转引自人民日报评论部：《习近平讲故事》，人民出版社 2017 年版，第126 页。

实阵地。马克思积 40 年勤奋之力而写成的划时代巨著《资本论》，从大量事实材料出发，通过对资本主义的起源和发展进行考察，再现了资本主义发生、发展的过程，深刻阐明了资本主义经济的内在联系及发展规律，阐述了科学的劳动价值论和剩余价值学说，实现了政治经济学领域的革命性变革，为科学社会主义奠定理论基础，是"工人阶级的圣经"。习近平总书记"在陕北插队时，就对哲学产生了浓厚兴趣，经常抱着'砖头一样厚'的马克思主义经典著作勤学苦读，用极大功夫去研究辩证唯物主义和历史唯物主义。他研习《资本论》时，写出整整 18 本笔记"①。这些著作都是大有裨益的，值得年轻人反复研读的。

单"经典"二字便规定了经典作家的指向性一定是少部分范围的。那么除了马克思、恩格斯两位经典作家之外就没有经典作家了吗？答案是否定的。我们应当注意的是，马克思主义学说的创立者和发展者都是运用马克思主义参与实践并取得巨大成功的杰出人物。如列宁结合俄国具体时代背景和本土化情况，首次将社会主义国家变为现实；如许多中国革命的领导者在将马克思主义基本原理同中国具体实际相结合后，创造出中

---

① 中共中央党校（国家行政学院）：《习近平新时代中国特色社会主义思想基本问题》，人民出版社、中共中央党校出版社 2020 年版，第 19—20 页。

国化时代化的马克思主义，有效指导中国实践发展。这些对马克思主义的理论发展和国际共产主义运动实践作出卓绝贡献的领袖也应当是属于马克思主义经典作家行列的。

其中，中国马克思主义经典著作继承发展了马克思主义的基本原理、基本观点和基本方法。曾经有人认为要奉行苏联的经验和共产国际的指示，坚持本本主义，说山沟沟里出不了马克思主义，还有人认为发展创新马克思主义是离经叛道的，是违背马克思主义基本原理的，他们都是不承认中国化马克思主义的。中国马克思主义经典作家善于将马克思主义基本原理与中国实际相结合，提出了一系列中国革命、建设和改革的崭新理论。比如毛泽东同志在不同时期写出的《星星之火，可以燎原》《新民主主义论》等著作，对中国走具有自己特色的社会主义革命和建设道路，作出了有益探索。如邓小平同志作为以毛泽东同志为核心的党的第一代中央领导集体的重要成员，在参与一系列重大决策的制定与实施过程中，对于中国社会主义建设道路的思考和探索，中共中央文献编辑委员会将这批文稿选编成《邓小平文选》。如习近平总书记将新时代十年的辉煌历史写进了《习近平著作选读》第一卷、第二卷中，指导着当代青年要深刻认识新时代十年的伟大变革，要始终把全面建设社会主义现代化国家、全面推进中华民族伟大复兴作为自身的时代使命。

　　经典著作之所以成为经典，在于其思想理论深刻、内容博大精深，马克思主义经典著作是马克思主义思想的浓缩。由此青年应当阅读的马克思主义著作有三类：一是马列经典作家的著作；二是中国马克思主义经典作家的著作；三是现当代马克思主义研习理论大家所著的得到党和政府推荐和市场检验的红色著作。唯有读懂读通、弄懂弄透马克思主义经典著作，我们才能深入理解马克思主义的精神实质和思想精髓，科学把握当代世界的本质，完整准确地理解中国特色社会主义理论体系，创造性地运用马克思主义立场、观点和方法去分析和解决我们面临的实际问题，不断把中国特色社会主义事业推向前进。

（二）为什么要阅读马克思主义经典著作？

　　习近平总书记在纪念马克思诞辰 200 周年大会上的讲话中谈道："马克思给我们留下的最有价值、最具影响力的精神财富，就是以他名字命名的科学理论——马克思主义。"① 对于世

① 习近平：《在纪念马克思诞辰 200 周年大会上的讲话》，人民出版社 2018年版，第 6 页。

界而言，马克思主义是迄今为止最科学、最严整、最有生命力的理论体系。对于中国而言，马克思主义是我们立党立国的根本指导思想，是实现中华民族伟大复兴的根本遵循。面对国内国际形势的新问题新挑战，当代青年作为"与新时代同向同行、共同前进的一代"，注定要成为历史使命的承担者和践行者。研读马克思主义经典著作，有助于当代青年筑牢理论根基，汲取精神养料，不辱时代使命，不负人民期望。

首先，读马克思主义经典著作，有助于新时代青年树立正确的世界观、人生观、价值观。当代青年作为"立大志、明大德、成大才、担大任"的时代新人，青年的价值取向很大程度上影响了整个社会的价值取向。面对当今国际形势的风谲云诡，缺少社会实践经历的青年们极易受到西方资产阶级恶意传播的不良社会思潮等影响，导致种种冲动行为发生，有时甚至会威胁到国家安全。正因如此，习近平总书记强调青年要扣好人生的第一粒扣子，"要树立正确的世界观、人生观、价值观，掌握了这把总钥匙，再来看看社会万象、人生历程，一切是非、正误、主次，一切真假、善恶、美丑，自然就洞若观火、清澈明了，自然就能作出正确判断、作出正确选择"①。而马克

---

① 习近平：《论党的青年工作》，中央文献出版社 2022 年版，第 77 页。

思主义经典著作中蕴含着马克思主义经典作家的宝贵经验与深沉思索，蕴含着马克思主义经典作家对现代社会的本质思考与对人类社会的真知灼见，蕴含着马克思主义经典作家科学的世界观、人生观、价值观。

因此，阅读马克思主义经典著作，就是唤起青年以马克思主义理论为指引，深化对当代世界的认识，辨明历史方向；激发青年对现代社会的深入思考与对人类社会的辩证分析，在历史洪流中明确自身使命；强化青年树立马克思主义信仰、共产主义远大理想、中国特色社会主义共同理想，并为实现中华民族伟大复兴而努力奋斗的责任意识。

其次，读马克思主义经典著作，有助于新时代青年坚持理论与实际相结合，聚精会神做学问。当今青年易产生两种倾向：一种是只注重理论学习而忽略了社会实践；另一种是一门心思参加社会实践而丢掉了理论学习。青年学生的这两种学习状态都是不科学的。学习是学生的天职，青年学生只有踏实学习专业知识，多读书，认真掌握本领，才能更好地为社会作贡献，更好地融入社会；但是广大青年既要有如饥似渴、孜孜不倦的学习状态，也要将无字之书与有字之书有机结合起来。"纸上得来终觉浅，绝知此事要躬行"，广大青年需充分认识到，积极投身于社会实践，在现实生活中磨练自己也至关重要。习近平总书记曾指出，要"坚持理论指导和实践探索辩证统一，实现理论创新和实践创新良性互动，在这种统一和互动中发展二十一世纪中国的马克思主义"①。青年学生只有在不断的社会实践中才能积累丰富的社会经验，才能磨炼意志、砥砺品格，逐渐成熟起来。

为此，阅读马克思主义经典著作，就是要使广大青年始终坚持马克思主义基本原理，用马克思主义实践的观点、矛盾的观点看问题，正确处理学习和实践的关系，在实践的基础上，聚精会神做学问，做到知行合一，为自身成长成才选择正确的道路。

最后，读马克思主义经典著作，有助于新时代青年始终坚持走中国式现代化道路，为实现中华民族伟大复兴而不懈奋斗。习近平总书记在庆祝中国共产党成立 100 周年大会上以宏大的历史视野、深邃的历史眼光，深刻阐述了中国共产党百年奋斗的光辉历史和伟大功绩，指出我们创造了中国式现代化新道路。而中国式现代化道路之所以能行稳致远，归根到底是马克思主义行，是中国化时代化的马克思主义行。100 多年前，随着外来文化的入侵，各种思潮汹涌而至，中国思想文化界出

———————————

① 《习近平关于社会主义精神文明建设论述摘编》，中央文献出版社 2022 年版，第 38—39 页。

现了各色各样的主义：无政府主义、个人主义、自由主义、工团主义、新村主义等。以李大钊为代表的革命先驱以科学态度进行认真的比较、严谨的论证，从马克思列宁主义的科学真理中看到了解决问题的出路，并进行了"问题与主义之争""社会主义论战""同无政府主义的论战"等三次论争。以北京大学为中心，在中国日渐形成了一个信仰马克思主义的先进知识分子群体，这大大推动了马克思主义在中国的早期传播，为筹备建党提供了思想基础，最终促成了中国共产党的成立。马克思主义使中国共产党拥有了科学的世界观和方法论，拥有了认识世界、改造世界的强大思想武器。在马克思主义指引下，中华民族迎来了从站起来、富起来到强起来的伟大飞跃。中国共产党的百年历史雄辩地证明，只有马克思主义才能救中国、发展中国。

故此，阅读马克思主义经典著作，有利于青年坚定对马克思主义的信仰，筑牢理论根基，汲取精神养料，全面把握马克思主义的科学内涵及其形成发展的历史脉络，真正认识和理解马克思主义的理论实质和当代价值；有利于青年保持对马克思主义的常学常新，不断丰富和拓展马克思主义的时代内涵和适用范围；有利于青年深刻理解和把握当代中国马克思主义、二十一世纪马克思主义的客观要求，将马克思主义基本原理同中国具体实际相结合、同中华优秀传统文化相结合，坚持走中国式现代化道路；有利于青年牢固树立对马克思主义的信仰、对中国特色社会主义的信念、对中华民族伟大复兴中国梦的信心，从而积极投身中国特色社会主义建设伟大实践，为中华民族伟大复兴而不懈奋斗！

新时代赋予青年更大的社会责任。广大青年在推进时代发展和国家建设上负有不可推卸的历史重任，是促进时代发展的重要力量。因此，青年们需阅读马克思主义经典著作，读懂脚下的这片土地，读懂我们国家和民族的过去、现在与未来；用马克思主义武装头脑，将这份真知真悟转化为建设美好新时代的真情真行，青年们终将带着理论赋予的信念与智慧走向五湖四海，成长为勇担民族复兴大任的青年马克思主义者。

（三）如何阅读马克思主义经典著作？

"问渠那得清如许，为有源头活水来。"马克思主义经典著作作为马克思主义理论的源头活水，体现着马克思主义经典作家的坚定立场和高尚品格，蕴含着经典作家勇攀科学高峰的求索精神，是含金量最高的著作。然而，"速食式"阅读习惯、"碎片化"阅读方式让当代青年难以继续承受马克思主义经典著作

"大部头""晦涩"等阅读之"重"，给阅读经典著作带来诸多困难。如何摆脱阅读困局，让当代青年静下心来读经典成为亟须解决的问题。

1. 读原著需要下"苦功夫"，锤炼"真功夫"

马克思主义经典著作是一座富矿，却不是解释一切的"万金油"。博大精深的马克思主义经典著作需要下"苦功夫"和"真功夫"才能学深悟透，真正体悟经典作家的思想，实现与思想家"对话"的目的。正如习近平总书记指出的，"学习理论最有效的办法是读原著、学原文、悟原理"①。原文、原著的魅力是二手文献永远无法替代的。阅读马克思主义经典著作，要"回归作者""回归时代""回归文本"，结合马克思、恩格斯等经典作家学习、生活、实践的发展脉络，回到经典作家生活的时代背景，了解经典著作产生时期作者的心路历程以及所回应的时代问题。

早在 19 世纪，马克思就以自身的学习为青年树立了良好榜样。马克思在柏林大学期间学习勤奋，经常通宵达旦，甚至因用功过度损害了健康，不得不到小渔村休养。在英国时，马

---

① 《习近平谈治国理政》第 3 卷，外文出版社 2020 年版，第 519 页。

克思经常清晨从家出发，步行至大英博物馆，工作到晚上，回到家后又继续工作到深夜。一切科学，主要的如历史、哲学、经济学、法律学、物理学、化学、数学、语言学、文学等，他都用极大的钻研精神进行研究，从中追求他所发现的新思想。所以我们阅读经典，不仅是阅读经典篇目，还要学习经典作家的学习经验。在"知其然"的前提下深入文本本身，体会经典文本中文字的魅力。在阅读文本的过程中切忌囫囵吞枣、浅尝辄止，要原原本本读原著，字斟句酌读原文，此乃阅读经典的"苦功夫"。只有在"原汁原味"的阅读中，才能体悟经典作家思想的原创性魅力，实现"直接"与经典作家对话的目的。正如恩格斯指出的，"对于那些希望真正理解它的人来说，最重要的却正好是原著本身"①。

　　阅读马克思主义经典著作绝非易事，需要下真功夫。诚然，二手文献和各种马克思主义教材确实为走向经典作家的思想提供了诸多方便，然而，正如"一千个读者眼中有一千个哈姆雷特"一样，要想知道真理的味道还需要自己尝一尝。马克思主义经典著作中闪耀着经典作家思想的光芒，字里行间体现着作者深厚的历史、文化底蕴和人文关怀。例如在阅读马克思

---

① 《马克思恩格斯文集》第 7 卷，人民出版社 2009 年版，第 1005 页。

的《路易·波拿巴的雾月十八日》时，可以领悟作者深厚的法国文化背景和强大的知识储备。在阅读《资本论》时可以体悟到作者强大的哲学、经济学素养和对无产阶级的关怀。这些都需要具有深厚的思想文化功底才能深入到文本中，需要读者在阅读之前有足够的知识储备，才能体会到作者传达的思想内核，避免断章取义，也只有下真功夫，深入到文本中才能真正领略到经典作家思想的魅力。

2. 读原著要"带着问题"读，落到用上来

习近平总书记强调，坚持以马克思主义为指导，"最终要落实到怎么用上来"①。真理来源于实践，最终也要用来指导实践。"要深入学、持久学、刻苦学，带着问题学、联系实际学，更好把科学思想理论转化为认识世界、改造世界的强大物质力量。"②"带着问题学、联系实际学"需要我们有一双发现问题的慧眼。马克思主义是认识世界和改造世界的强大理论武器，马克思主义经典著作是真理的凝结。将马克思主义基本原

---

① 习近平：《在哲学社会科学工作座谈会上的讲话》，人民出版社 2016 年版，第 13 页。

② 习近平：《在纪念马克思诞辰 200 周年大会上的讲话》，人民出版社 2018 年版，第 26 页。

理同中国具体实际相结合、同中华优秀传统文化相结合，解决现实中遇到的问题是马克思主义理论的本质要求。在马克思主义的指导下，我们实现了从站起来到富起来再到强起来的巨大飞跃。进入新时代以来，在统筹推进"五位一体"总体布局、协调推进"四个全面"战略布局以及应对重大风险和重大矛盾的时候都离不开马克思主义的指导。如今，在推进社会主义现代化强国建设的时代新征程中，同样存在一系列发展中的新问题、新矛盾，需要我们利用马克思主义经典文本中的真理去解决。正如习近平总书记所强调的："社会主义并没有定于一尊、一成不变的套路，只有把科学社会主义基本原则同本国具体实际、历史文化传统、时代要求紧密结合起来，在实践中不断探索总结，才能把蓝图变为美好现实。"① 因此，要带着现实中需要解决的问题去阅读经典文本，在阅读经典文本的过程中探寻解决现实问题的锁钥，让经典文本走出书本，"落到用上来"。如我们在阅读《资本论》的时候，可以将《资本论》与当今世界百年未有之大变局、中美关系、资本主义市场经济与社会主义市场经济等种种现象结合起来，并不断发问，产生自己的思考，"为什么经济危机、金融危机会发生？""资本权力与政治

① 习近平：《在纪念马克思诞辰 200 周年大会上的讲话》，人民出版社 2018 年版，第 27 页。

权利从何而来？"等。

3. 读原著要"沿着历史"读，立足时代读

马克思、恩格斯创立了马克思主义，揭示了人类社会发展的普遍规律。列宁把马克思主义发展到了一个新阶段。毛泽东、邓小平、江泽民、胡锦涛等党的主要领导人结合中国的具体实际丰富和发展了马克思主义。进入新时代以来，习近平新时代中国特色社会主义思想作为当代中国马克思主义、二十一世纪马克思主义，是中华文化和中国精神的时代精华，实现了马克思主义中国化时代化新的飞跃。因此，阅读马克思主义经典著作要善于把握马克思主义发展的时代主线，既要阅读给予我们真理和智慧的"老祖宗"的作品，也要立足时代，着眼当下，阅读中国化时代化的马克思主义经典著作。

阅读马克思、恩格斯、列宁的经典著作和中国化时代化的马克思主义著作的方法是不同的。马克思、恩格斯、列宁的经典著作因其时代性以及翻译所造成的语言表达等各种问题，需要当代青年静下心来读，对照文本读，在保证马克思、恩格斯、列宁思想发展整体性的同时，联系不同时期的著作进行对照性阅读，才能在与经典作家的"对话"中体悟马克思主义的真理性。而中国化时代化的马克思主义经典著作的

表达则更为直观，更加贴近中国发展的现实需要，更容易为当代青年理解和掌握。因此，面对不同的著作需要采用不同的阅读方式。对于教条化地遵循马克思、恩格斯的文本，不按照时代需要阅读著作的方法以及只读中国化时代化的马克思主义文本而摒弃马克思、恩格斯经典文本的方法都不是我们鼓励的。正确的方法是通过阅读马克思、恩格斯的经典文本掌握马克思主义的真理性，在阅读中国化时代化马克思主义经典著作的过程中了解马克思主义基本原理如何解决中国的实际问题，在马克思主义的时代发展中体悟真理的力量和价值。正如习近平总书记指出的："对待马克思主义，不能采取教条主义的态度，也不能采取实用主义的态度。"① 马克思主义的真理性需要在历史发展的主线中深刻把握。

站在新的历史起点，马克思主义经典著作在当代依然熠熠生辉，在跨越百年的时间长河后，与当代中国青年的使命依然紧密相连，为青年坚定共产主义理想信念提供了真理依据，为青年认识当代世界发展提供了根本方法，为青年实现中华民族伟大复兴的中国梦提供了方向指引。站在新征程上，新时代的青年马克思主义者应以习近平新时代中国特色社会主义思想

---

① 习近平：《在哲学社会科学工作座谈会上的讲话》，人民出版社 2016 年版，第 13 页。

为指导，自觉投身于社会主义现代化强国的建设当中，把实现共产主义远大理想与青年命运结合起来，把握时代大局，牢记时代所赋予的使命，练就过硬本领，为实现第二个百年奋斗目标作出贡献！

四、得大者，可以兼小：阅读与选择阅读

书籍是人类进步的阶梯、终生的伴侣、最诚挚的朋友。读书多多益善，但人的时间精力有限，不可能把所有书都读完。爱读书、勤读书、读好书、善读书，是我们阅读的必修课。马克思主义经典著作集中体现着马克思主义基本原理，是马克思主义理论的本源和基础。学习马克思主义经典著作是掌握马克思主义基本理论、树立马克思主义信仰的重要途径。而马克思主义经典著作也不少，对青年朋友们来说，如何选择、怎样阅读，就显得尤为重要。

（一）多与少：不得其门，不见其美

在选择书籍时，不少青年朋友往往从兴趣出发，寻找与其知识背景相契合的书籍来阅读。但由于马克思主义经典著作成书年代久远、内容晦涩难懂、逻辑复杂抽象，真正对马克思主义经典著作感兴趣的青年朋友很少。即使有时迫于学习任

务，为了短时间内掌握马克思主义，也多是"交差"式走马观花地阅读，进而形成了阅读二手资料多、研读经典原著少；片段式阅读多，整体式阅读少的阅读习惯。

1. 原著来源深厚，历史环境复杂

习近平总书记在纪念马克思诞辰 200 周年大会上指出，马克思"博览群书、广泛涉猎，不仅深入了解和研究哲学社会科学各个学科知识，而且深入了解和研究各种自然科学知识，努力从人类创造的一切文明成果中汲取养料"①。马克思主义产生于欧洲，植根于古希腊以来深厚的文化土壤，使得青年朋友在阅读时总感觉很难翻越这道"文化鸿沟"。譬如马克思在行文中信手拈来一则古希腊神话或莎士比亚的典故，一知半解的人读起来不知其所云，总是一头雾水。即便注解得清清楚楚，要想准确理解其在文中的具体含义与表达作用，仍需要下很大一番功夫。

由于马克思主义经典著作扎根于深厚的文化土壤，若初学者的阅读面过窄，读起来自然十分痛苦，甚至还会产生马克思是先知的错觉。但实际上，马克思主义经典作家的每篇文章

---

① 习近平：《在纪念马克思诞辰 200 周年大会上的讲话》，人民出版社 2018 年版，第 4 页。

都诞生于具体的历史环境。故而，要想真正理解这些文章和著作，就要首先清楚和熟悉当时的历史环境，就要知道马克思、恩格斯是在什么样的环境下写下这些经典的。这就是说，至少要学习自法国大革命以来欧洲的全部历史，仅是这一点就已经很难了。

2. 原著涉猎广博，行文不拘一格

同"三个来源"一样，马克思主义的"三个组成部分"也为我们所熟知，但随着众多学者的深入探究发现，马克思主义不仅思想材料十分丰富，它所论及的对象也异常广泛。就比较大的方面来说，恩格斯对自然科学、军事理论造诣颇深，马克思在文艺学、数学方面也有建树，除专门论述这些理论的文章、著作之外，在主要论述哲学、政治经济学和科学社会主义的著作中也会穿插论述。例如，《反杜林论》中的《暴力论》部分虽然归为政治经济学，却花了整整一章来论述欧洲军事和火器的发展。这就意味着马克思、恩格斯在论证自己的观点时，不囿于一隅、不循于常规。在撰写著作时，往往不会像我们今天写论文一样，条分缕析、纲举目张，力求行文有条有理、整齐有致。在发表的文章中尚且如此，各种手稿和笔记的写作就更是打破常规。但这并不是说经典著作缺乏逻辑感，而

是以抽丝剥茧的方式来呈现其中蕴含的行文机理和文章脉络，只是我们很难看出来。

正因如此，有同学总是疑惑，马克思主义经典著作的遣词造句为什么那么奇怪？既晦涩又流畅，既陌生又熟悉，既复杂又和谐，似远若近，有几分似懂非懂，但反倒让人难以忘怀，有想要钻研下去的想法。对于本身有着良好阅读能力的青年朋友来说，还可稍作理解；但对于基本功薄弱的青年朋友来讲，很难深入理解原著。

3. 阅读基础薄弱，阅读目的模糊

要读原著、学原文、悟原理，通过研读经典原著来夯实看家本领，这样才能对马克思主义基本理论领会得更加深透。目前一些青年朋友知识储备不够，进而导致对经典著作理解不到位，看了也看不懂。理解能力既不是一个恒定的常量，也不会随着年龄增长自然提高，而是要在阅读和思考当中逐步锻炼和提高的。这就需要多积累基础知识，基础知识掌握得多了，理解能力自然而然就会增强。可见，读书没有捷径，越不读就越读不懂，越读不懂就越不想读，越不想读就越读不懂。所以新时代广大青年朋友们必须增强学习紧迫感，孜孜不倦学原著、读原文，回归到原汁原味的文本阅读之中，多读广读，真

正体悟马克思主义大本大源。

　　青年读者在读原著时如果没有明确的目的，就很难有什么收获，充其量就是读完以后感叹一句：写得真好！说得真对！如果带着明确的问题去读，效果就完全不同了，读起来也会认真许多。不过，这也是相对而言的，读原著的过程同时也是寻找问题的过程。如果没有特别的问题，那就带着一般性问题"为什么"去读，看到一个论断就刨根问底，问一问为什么，自己再顺藤摸瓜探究答案，效果立竿见影。又或者看到未曾听闻的陌生理论，抑或是与自身常识不符的论断，就可以深入研究一下，仿佛探宝觅踪，人之越深，得之越丰。当然，最好是带着现实问题去读，这也是理论联系实际读原著的基本要求。

（二）轻与重：立足本源，明辨真章

　　随着互联网的快速发展，人们的时间和注意力都已碎片化。每日被大量信息"投喂"，不少人喜欢上了"轻阅读"。但是马克思主义经典著作因其富有独特的思想魅力和旺盛的生命力，只有"轻阅读"主打的轻松"悦"读可不够，还需要反复咀嚼、深入钻研的"重阅读"，同时全面系统地深度思考也是必不可少的。

1. 原原本本认真读

习近平总书记指出："读马列、学毛著，要精，要原原本本地学、仔仔细细地读，下一番真功夫。"① 理论的精髓往往蕴含在原著原作的字句之中，任何学习方式都莫过于通过研读原文原著更能准确把握其精髓。原原本本读原著是学通马克思主义普遍真理的一项基本功，只有把自己置于经典作家的思想和理论之中，通过与伟人、与思想者本人的对话，才能系统化、条理化、精准化地学习经典作家的思想和理论，才能真正领悟科学理论的精髓，才能科学把握蕴含其中的立场、观点、方法。经过"二次加工"甚至断章取义的文字，看似精简凝练，实则在无形之中流失了不少信息，容易让理论"失了真""变了味"。只有以经典著作为研读重点，通过字斟句酌、反复推敲，方能读懂原著的内涵，领悟其中的精髓要义。中国共产党老一辈革命家、理论家，经常用"抠"的方式来研究经典著作，他们在阅读时一段话一段话地"抠"，一句话一句话地"抠"。所谓"抠"就是在研读著作时逐字逐句、学深学透，细细品读、如琢如磨，这样才能把握其真谛要义，真正收获学习成果。没

---

① 人民日报评论部：《习近平讲故事》，人民出版社 2017 年版，第 126 页。

有这样的精神，我们是不可能理解马克思主义经典著作的内涵和精华的。

2. 联系实际全面读

"学马列要精，要管用的"①，这是学习马克思主义的学风要求。"要管用"，是指青年朋友要坚持学以致用，真正发挥出研读经典著作对自身实践的现实指导价值。可见，阅读马克思主义经典著作只是一个起点，而阅读后的思考和实践更为关键。作为夯实理论之基的本源，能不能以精神之源、信仰之基补足实践之"钙"，显得尤为重要。首先，青年朋友应主动阅读经典，带着探究的兴味，咂摸细节，咀嚼文本，坚持以问题为导向的阅读方法，通过对文本进行深入研读，使思想回归到现实需求，进而找到解决现实难题的锦囊。其次，青年朋友应对经典著作所传递的科学立场、观点和方法做到心中有数，并将其应用于个人的学习和生活之中，以指导实践并解决现实问题。最后，青年朋友应当秉持真学笃行的态度，在对这些立场、观点和方法的深入学习和坚定实践中，争当马克思主义的忠实信仰者和坚定捍卫者。

---

① 《邓小平文选》第 3 卷，人民出版社 1993 年版，第 382 页。

3. 反反复复准确读

学习马克思主义经典著作，必须反复研读、反复体会，不下真功夫、实功夫、苦功夫，是难以体悟到其中的深刻意蕴的。列宁也讲："不过起初也许有人又会因为难懂而被吓住，所以要再次提醒你们不要因此懊丧，第一次阅读时不明白的地方，下次再读的时候，或者以后从另一方面来研究这个问题的时候，就会明白的，因为，我再说一遍，这个问题极其复杂，又被资产阶级的学者和作家弄得极为混乱，想认真考察和独立领会它的人，都必须再三研究，反复探讨，从各方面思考，才能获得明白透彻的了解。"① 没有哪一个人能轻轻松松看懂马克思主义经典著作，寄希望于读一两次就能了悟真知，明辨真章，是不现实的。"书读百遍，其义自见。"学习马克思主义经典著作，一定要舍得花时间、真正下苦功夫，从真理中感受信仰的力量。毛泽东同志曾说过："学习的方法是'挤'和'钻'，工作忙就要挤时间，看不懂就要钻进去。中国本来把读书就叫攻书，读不懂的东西要当仇人一样攻之。"② 因此，只有系统

---

① 《列宁全集》第 37 卷，人民出版社 2017 年版，第 63—64 页。
② 《毛泽东年谱（1893—1949）》（修订本）中卷，中央文献出版社 2013 年版，第 126 页。

地、反复地、认真地阅读马克思主义经典著作，才能由熟能生巧上升到熟能生思，让阅读由量变走向质变，让"冷板凳"坐出"热效应"。

（三）厚与薄：沦肌浃髓，善读参悟

"如何尽快读懂马克思主义原著，有什么窍门吗？"习近平同志担任厦门市委常委、副市长时，面对一名大学生的请教，这样回答道："没有窍门，就是要反复读，用心读，要把马克思主义原著'厚的读薄，薄的读厚'。"① 习近平同志一番话，指明了学习马克思主义经典著作的路径方法。

1. 厚书读薄，掌握实质

学理论是件"苦差"，要"啃"下经典"大部头"，少不了磕绊。不少青年朋友被这厚重的理论著作唬住，每当读书时就会陷入"望尽天涯路"的迷惘和惆怅之中。把"大部头"读薄并非易事，须得下苦功夫，搞清楚马克思主义到底是什么。一方面，马克思主义占据着真理制高点。马克思曾明确指出，

---

① 《习市长指导我"要把马克思主义原著'厚的读薄，薄的读厚'"》，《中国青年报》2022 年 3 月 16 日。

"社会经济形态的发展是一种自然历史过程"①，是生产力与生产关系矛盾运动和辩证发展的必然结果。正如列宁所指出的那样，"只有把社会关系归结于生产关系，把生产关系归结于生产力的水平，才能有可靠的根据把社会形态的发展看做自然历史过程"②。在这一点上，马克思揭示了社会形态演进的历史规律，进而把对社会形态及其规律的认识提高到了科学的水平。另一方面，马克思主义占据着道义制高点。"马克思主义博大精深，归根到底就是一句话，为人类求解放。"③ 早在青年时期，马克思就将人类解放作为自己理论研究的主题，并立志为人类解放事业而奋斗。这一主题贯穿于马克思主义哲学、政治经济学和科学社会主义之中，三者之间相互联系且有机统一，构筑了马克思主义完整的思想体系，"为人类指明了从'必然王国'向'自由王国'飞跃的途径，为人民指明了实现自由和解放的道路"④。故而，由厚到薄的过程，是由浅入深、由表及里，如"沙里淘金"潜心挖宝，一步步理解马克思主义实质、

---

① 《马克思恩格斯全集》第 23 卷，人民出版社 1972 年版，第 12 页。

② 《列宁选集》第 1 卷，人民出版社 2013 年版，第 112 页。

③ 习近平：《在纪念马克思诞辰 200 周年大会上的讲话》，人民出版社 2018 年版，第 8 页。

④ 习近平：《在纪念马克思诞辰 200 周年大会上的讲话》，人民出版社 2018 年版，第 8 页。

掌握其精髓要义、缕清其思想脉络，进而能够"化为己用"的
过程。

2. 薄书读厚，与时俱进

阅读"大部头"，少不了反复咀嚼，才能够举一反三，触
类旁通。由薄到厚的过程，是紧密联系中国具体实际，每一段
每一句都比照中国历史文化和实际情况来深入分析，逐步领
会伟大理论外延的过程。毛泽东同志在 1938 年党的六届六中
全会上指出："共产党员是国际主义的马克思主义者，但是马
克思主义必须和我国的具体特点相结合并通过一定的民族形式
才能实现。马克思列宁主义的伟大力量，就在于它是和各个国
家具体的革命实践相联系的。对于中国共产党说来，就是要学
会把马克思列宁主义的理论应用于中国的具体的环境。""离开
中国特点来谈马克思主义，只是抽象的空洞的马克思主义。因
此，使马克思主义在中国具体化，使之在其每一表现中带着必
须有的中国的特性，即是说，按照中国的特点去应用它，成为
全党亟待了解并亟须解决的问题。"[1] 这意味着学习马克思主义
经典著作的过程不仅是推进马克思主义中国化时代化的过程，

---

① 《毛泽东选集》第 2 卷，人民出版社 1991 年版，第 534 页。

而且是不断解决中国面临的重大问题和挑战的过程。这就要求我们在阅读经典著作过程中，一方面要与中国具体实际相结合，注重理论思考，并在此基础上对中国特色社会主义在发展进程中所遇到的一些重大理论问题和实践问题进行深入探讨，以此推动中国特色社会主义深化发展；另一方面要与中华优秀传统文化相结合，"坚持古为今用、推陈出新，把马克思主义思想精髓同中华优秀传统文化精华贯通起来，同人民群众日用而不觉的共同价值观念融通起来。通过不断回答中国之问、世界之问、人民之问、时代之问，充分激发中华文化的内在生命力，推动党的创新理论更好地与时俱进，展现更加强大的真理力量和实践伟力"①。

3. 厚薄结合，融会贯通

作为一个青年学者，要学精马克思主义经典著作，就要坚持"读薄"与"读厚"相结合，既要一头钻进去，把深刻的内容读透，把精髓提炼出来，理解得明白透彻；又要跳出书本、融入生活，真正做到越学原理越清楚，越学信念越坚定，越学本领越高强。因此，学习和研究马克思主义经典著作决不能采

---

① 《党的二十大报告学习辅导百问》，党建读物出版社、学习出版社 2022 年版，第 26 页。

取浅尝辄止、蜻蜓点水的态度，一方面，我们要全面系统学、及时跟进学，铢积寸累、日就月将，领悟真谛、总结升华，从厚读到薄。另一方面，要带着思考学、带着问题学，指导实践，加强理论创造，从薄读到厚。如此"厚""薄"结合、相得益彰，既"得其门而入"，又"悟其道而出"，主动思考、有所创见，推动中国特色社会主义事业行稳致远。阅读经典不仅仅是文本解读，还要联系实际、对照问题，从理论源头到时代潮头，感知时代脉搏。2022年是党的二十大召开之年，青年朋友们要紧紧围绕党的二十大这条主线，全面贯彻落实党的二十大精神，学深悟透习近平新时代中国特色社会主义思想，自觉做党的创新理论的坚定信仰者、积极传播者、忠实实践者。

（四）大与小：通观全局，关切细微

马克思主义经典作家眼界广阔、知识丰富，马克思主义理论体系和知识体系博大精深，这就要求我们阅读马克思主义经典著作时，既要有"秉纲而目自张，执本而末自从"的系统观念；也要有"不弃微末，久久为功"的坚强韧性；还要将民族视野和国际视角相结合，处理好大视野与小视野之间的关系。

1. 从宏观与整体上把握

在研读马克思主义经典著作的过程中，广大青年要想把握其主要内容，就必须处理好宏观与微观、整体与部分之间的关系。从宏观与整体上，需要全文通读，以整体把握文章的基本结构、主要内容和核心观点，以及其中所蕴含的马克思主义科学世界观和方法论。

首先，何以明晰作者的意图？可以研读序言、跋文以及有关的出版介绍和评论，以初步了解作者和写作背景，进一步了解研究动机和要解决的问题。一是通读出版介绍、序跋来从整体思路进行把握。二是通读目录把握行文思路。作者主要的观点往往会出现在章节的标题或目录中。在翻看目录时，若是发现兴趣所在，或者是认知盲点，与著作的研究背景相联系时，便能够对这本书的主旨有粗略的了解了。这样先掌握经典著作的脉络，"第一印象"有了，某些疑点和兴趣点呈现了，阅读的期待自然也产生了。如同到一个陌生的地方，先看看地图，确定方位，对有什么景点或者生活设施心里有数，游览的计划也就慢慢形成了。其次，何以快速抓住书籍的要点？读书要有留痕的功力，须用笔记下重要论断、观点。青年朋友初看原著时首先要注意它的论断，特别是著名论断，然后把它们抄下来。一些耳熟能详的知识突然在原著里看到，就会如老友重逢般兴奋，也就记得格外清晰。另一种就是不熟悉的论断，它能够充分激发青年朋友的求知欲和领悟力，进而使其有了探索的兴趣。

2. 从微观与部分上深入

从微观与部分上，要字斟句酌，深入研读著作的序言、关键词、段落、语句乃至注解，对于文章的阅读，尤其要仔细研读那些能够体现文章核心观点的重点段落和经典语句，以掌握语句与语句之间、段落与段落之间的内在逻辑，从中探寻作者的思想轨迹。在阅读时，应着重把握马克思主义的立场、观点和方法，对于个别词汇、事件故事等细枝末节则不必过多关注，需要学会合理取舍。

第一，了解经典著作的创作过程。由于经典作家的思想认识具有历时性、变化性，这就要求青年朋友在研读经典著作时，应该避免仅局限于经典作家在某一特定历史时期对某一问题所作的某一篇文章，而是要全面贯通，系统把握经典作家将对实践问题的思考升华为理论观点并不断完善和发展的过程。要对经典著作的创作历程进行深入了解，包括时间脉络、对前人思想的批判继承、在前后不同时期的思想认识变化以及促成这一变化的影响因素等。第二，分析经典著作的历史价值。经典著作来源于其所处时代，并对时代发展产生影响。因此，青年朋友在研读经典著作时，不仅应探究其渊源，更需深思其丰富内涵和历史价值：一方面，经典著作在马克思主义发展史和马克思主义理论体系中的地位与意义，即理论价值；另一方面，对于当时以及后来的实践发展而言，经典著作所产生的意义和影响，即实践价值。

3. 民族视野与国际视角相结合

作为新时代的中国青年在研读马克思主义经典著作时一方面要有民族视野和本土化意识，不能生搬硬套；另一方面要有国际眼光和世界视野，做到去芜存菁。

首先，读书不是"拿来主义"，马克思主义经典著作也不是包治百病的"灵丹妙药"。只有实现"本土化"，才能够让马克思主义真理之树根深叶茂。所谓"本土化"，就是立足于民族视野和本土化意识学习和研究马克思主义经典著作，推动马克思主义理论与本国具体实际相结合、与本国民族特点相结合，实现马克思主义理论的创新发展，进而为解决本国发展难题提供科学指导。为此，我们要努力推进马克思主义在中国的本土化进程，将经典著作所蕴含的智慧转化为对青年朋友成长有益、对国家经济社会发展有利的养分，使青年朋友能够真正运用马克思主义理论来正确分析和解答现实生活和学习工作中的问题。

其次，青年朋友在阅读马克思主义经典著作时，不能只管"自转"，不顾"公转"，需要拥有广阔的国际视野和全球化的观察视角，将原著的内容与当今世界的发展变化融会贯通。一方面，是因为马克思主义经典著作涉及政治、经济、文化和哲学等多个领域，它以特有的结合方式融汇了不同的国家背景，实现了历史智慧与现实社会环境的紧密结合。如果没有开阔的眼界，就无法领略马克思主义经典著作所蕴含的思想魅力与人类情怀。另一方面，是因为中国的发展离不开世界，世界的繁荣也需要中国。而当代中国青年作为国家的未来，同时也是世界的未来，只有在阅读马克思主义经典著作时做到立足中国、放眼世界，合理借鉴人类文明一切优秀成果，才能创造性地运用马克思主义世界观方法论寻找到既能解决中国问题、又足以应对全球化难题的现实方案。

刀在石上磨，人在事上练。阅读马克思主义经典著作不可能毕其功于一役，唯有找对适合自己的阅读方式，积好尺寸之功，方可破解阅读"瓶颈"，种好意识形态"责任田"。习近平总书记在纪念五四运动100周年大会上的讲话中对当代青年提出期望："新时代中国青年要树立对马克思主义的信仰、对中国特色社会主义的信念、对中华民族伟大复兴中国梦的信心，到人民群众中去，到新时代新天地中去，让理想信念在创业奋斗中升华，让青春在创新创造中闪光！"① 而青年朋友唯有读原著原文、悟原理精髓，原汁原味重温经典，才能坚定理想信念，提高思想素质，锤炼过硬本领，使自身的思维视野、思想观念、认识水平跟上越来越快的时代发展，从而在中国式现代化新征程中彰显青年担当、贡献青春力量。

---

① 《习近平谈治国理政》第3卷，外文出版社2020年版，334页。

中 篇

治学与求职

一、坐得住『冷板凳』：保持定力是治学的关键

二、研究切入点：如何写好文献综述

三、『杜拉拉升职记』：如何走好入职第一步

四、再见象牙塔：初入职场的那些事儿

一、坐得住"冷板凳"：保持定力是治学的关键

      治学就是做学问。一般认为治学严谨是非常重要的，坚持真理、求真务实、开拓创新的治学态度是成功的关键所在。但我认为，在做严密谨慎、严格细致的学术之前，选择方向、保持定力，更是治学第一要紧的事情，它不仅影响着学术生命的长远与持久，更决定着是否能开出绚烂的学术之花来，决定着研究的内容是否精深、是否有深远的学术影响力。对青年马克思主义学者来说，在这个欲望泛滥、熙熙攘攘、利来利往的世界，如何坚守做马克思主义理论的研究，不为外界各种热闹、新鲜的理论热潮所冲击，始终充满热情地、持之以恒地开展马克思主义理论及其当代运用的研究，是我们最终走向胜利、获得成功的关键。某种程度上说，方向和定力比治学严谨更重要。方向决定道路，定力决定恒心，有了恒心、毅力和方向，持之以恒、久久为功、绵绵用力，我们就一定会成为马克思主义理论研究领域的名师大家，就一定能成为学有专攻的理论大家。

（一）何谓定力

"定力"一词，来源于佛教。在现代语境中，定力不专指"禅定之力"，而泛指人控制自己的欲望或行为，不为利所诱，不为名所累，不为情所困，不为难所屈，不为危所乱，专心致志于某一事物的能力。

定力的要素很多，主要有目标的选择力、目标的坚定力、排除外部干扰的免疫力、凝心聚神的专一力、克服困难的意志力等。

目标的选择力是对研究目标的鉴别、判断、取舍等能力的集成。选择是定力的瞄准仪。定力先定向，先要有正确选择的能力。人的一生是选择的一生，选择决定成败。有所不为才能有所为。但是，选择大多是在各种干扰和不确定中进行，有成本，也有风险，需要一双识别善恶是非、真伪优劣的火眼金睛。作为青年马克思主义研究者，由于涉世不深，研究也才刚刚起步，对于今后究竟应该往哪个方向发展，往往存在很多疑惑。要么仅凭自己的研究兴趣，要么追随研究热潮，没有做到有意识地培养和训练自己的目标选择力，造成依据自己兴趣点的研究有的成为钻牛角尖的"冷门"，研究意义不大而难以持续，而追随研究热潮的研究，则出现这一理论热点过去后就难以维系开展的尴尬局面。所以，我们有意识地注意培养和训练学术目标选择力是保持学术定力的首要事情。

目标的坚定力是选择了既定目标后的坚持力。我们说目标始终如一的坚定，定的是心，是方向。心定了，无论走到哪里，都不会迷失，无论有多远，我心所向，势不可挡。目标坚定，才能始终如一、水滴石穿、铁杵成针。我们在做马克思主义理论的研究上，往往会和很多学科的学者打交道，也会发现很多交叉学科的前沿问题，这些都是非常好的状况，但是，要始终明白，引进这些交叉学科做交融性研究的目标，只是从多个角度丰富拓展我们的研究手段，但最终服务于我们的马克思主义理论研究，而不能在交叉融合中迷失方向或者放弃初衷和原来的学术理想。马克思主义理论学者的学术研究是否坚定，某种程度上考验的是我们对马克思主义理论是否有坚定的信仰、信念和信心。

排除外部干扰的免疫力是抗诱惑的能力。定力需定身，免疫力是定力的防火墙。免疫力是良知、理性、克制的集成。在现实社会中，我们每个人都面临着内在欲望和外来诱惑的双重压力。欲望是人的本能，也是社会发展的动力。但是，不加节制、自由泛滥的学术追求与欲望，对于集中精力、专心致志地做研究同样是有害的。做研究，要掌握"道"，这个道是道义，是规矩，是度，是研究目标的正义性与研究手段的正当性，是学术欲望的刹车和节制闸。能否抗拒诱惑，取决于我们自身是否有道以及道所产生的思想抗体和精神免疫力。

凝心聚神的专一力是把心态放平，把脚跟站稳，让精气神聚合于既定的学术目标，避免蜻蜓点水、小猫钓鱼、狗熊掰棒子式的低级错误，也避免"四面出击""天女散花"般的分散研究。专一力是定力的聚焦器。在这个问题上，我们的前辈给我们做出了许多榜样。如郭沫若同志，他非常擅长于历史、文学、考古等研究，20世纪50年代初期，在夏代史料缺乏的条件下，他把甲骨文作为重建殷商历史的直接史料加以重视，投入大量精力在甲骨文、金文等研究上，取得令世人惊叹的成就。但他却不断提醒自己，古物是有麻醉性的，愈深入便愈易沉沦，应该始终不失以唯物史观探求历史发展规律为自己的宏旨。于是，他有意识地对研究方向进行收缩和调整，保持了对甲骨文、金文研究的克制，时刻提醒自己，这些研究只是服从和服务于唯物史观的研究，应牢牢把握住马克思主义史学研究的方向和阵地。他在1952年撰写的《金文丛考·重印弁言》中回顾了这种自我斗争的经历。这对当下的马克思主义理论研究学者如何集中精力于主要研究方向而避免多面出击的耗散精力，仍有非常重要的参考价值和启发意义。

　　克服困难的意志力是抗打击的能力，使我们在经历千难万险后，仍初心不改、奋力向前。意志力是决心、韧性、坚守的集成。定力即定根，是忠贞不渝，坚韧不拔，在最易走神之时不分心、在最难坚持的时候不松劲的能力。胜利往往在最后的坚持中，如果不把困难当磨炼、不把挫折当跳跃之机，没有大山崩于前而面不改色的镇静与从容，最后的坚持是熬不过去的。因此，意志是定力的落脚点。青年马克思主义学者在学术道路上的跋涉充满着艰辛，常常会遇到自己费了很大心力撰写的论文欣赏者寥寥，无法在高质量期刊上刊发的困境，会遇到从撰写学术论文到写作适应报刊需求的理论文章转型的痛苦、迷茫和打击，但这个时候，我们是就此放弃，抱怨客观原因，还是认真对标理论大家的作品，查找差距，打牢理论功底、严密逻辑思维、丰富写作手法，使语言更富哲理、更鲜活灵动。两种不同的态度，一种是有定力，一种是丧失定力，将带来完全不同的结果。

　　如果我们都具备了上述"五力"（目标的选择力、目标的坚定力、排除外部干扰的免疫力、凝心聚神的专一力、克服困难的意志力），则我们的学术人生尽管是充满艰辛、布满荆棘的，但也一定是充满阳光、收获颇丰的快乐之旅。有了定力，我们就能坐冷板凳，耐得住寂寞，不会为浮名近利所诱惑、被本能欲望所驱使；有了定力，我们就能经得起挫折，有强大的复原力，不会半途而废或止于小成；有了定力，我们就能心无旁骛，孜孜以求，持之以恒；有了定力，我们就能博览群书，潜心著述，有所成就。定力是成功者必备的素质，是我们青年马克思主义学者成长成才首先需要锤炼的精神品质和坚定意志。

纵观马克思主义发展史，经典作家们无不是具备强大定力的典范。马克思一生穷困潦倒，但从未动摇寻求人类解放真理的信念。恩格斯并不以经商赚钱为乐，而是在结束英国经商的历程后，迅速投入他热爱的理论研究之中。长征中的毛泽东，在遵义会议前，正确的思想得不到认同，但他保持了强大的韧性与定力，积极争取王稼祥、周恩来等同志的支持，最终是正确思想占领了上风。三次被打倒、又三次复出的邓小平向世人表明了其惊人的复原力和保持定力的强大能力。保持定力，对经典作家而言，不仅是治学的关键，更是他们所从事的伟大光荣事业取得胜利的关键。

（二）淡泊明志：定力之源

定力对治学如此重要，那么定力源自何处，又如何培养呢？志向是定力的真正原动力，淡泊明志是定力之源。

　　什么是淡泊明志呢？对什么事情都不关心、不在乎，两耳不闻窗外事，一心只读马克思，全心身心投入自己的理论研究，这就是淡泊明志吗？也不完全是这样的。这可能只是淡泊明志的一些表象。淡泊明志从字面上讲，包含两层意思：一是淡泊，性情恬淡，不图名利；二是明志，有明确的志向，顺境、逆境都无法改变高洁的志趣、高尚的品格，顺境中保持平常心态，不骄不躁，逆境中恬淡乐观，不争不抢。明志比淡泊更重要，明志是定力的核心与本质，而淡泊，是有定力者普遍表现出的行为特征。有坚定的信仰信念信心、有清晰的学术追求和目标的人，就是有明志的人。明志之所以是定力的原动力，主要是因为，一则明志能定方向，二则明志能定心态，三则明志能定恒心。有清晰明确志向的人，就有了矢志不渝的方向，有坚如磐石的信心与决心，有持之以恒、坚韧不拔的定力。我们的许多理论大家和前辈就是青年学子的典范和楷模，他们树立的一道道学术丰碑令人敬仰，他们苦难辉煌的一生更像一盏盏明灯照亮后学者前行的道路。

　　我国著名的马克思主义史学家和教育家、中共党史学科的重要奠基人和开拓者胡华老师就是淡泊明志、保持定力，矢志不渝进行中共党史的教学与研究工作，最终名载史册的典型代表。1938 年，年仅 17 岁的胡华奔赴延安，投身中国人民的解放事业。革命岁月是艰辛的，"在青年时期出门革命，十年不归，战火纷飞，出生入死……黑夜行军，顶风冒雪，野地露营"，但"条件越艰苦，越能锻炼考验人"，胡华在战火中锤炼成为坚强的革命战士。此后，无论是什么时间，身处什么岗位，甚至遭受不公正对待，都矢志不移，不改初心，执着地从事他毕生热爱的马克思主义史学和中共党史学的研究。他主编的《中国新民主主义革命史参考资料》，对中共党史教学和研究助益良多。胡华老师还带领同事和学生访问了不少重要党史人物，搜集了很多文献资料。仅 1964 年到广东、湖南、湖北、江西、上海等地调研，就搜集了约 3000 万字的宝贵资料。"文革"期间，中国人民大学停办。1970 年 1 月，胡华从北京赴江西省余江县人民大学"五七干校"劳动改造。在干校，他被分配在养猪班，以多病之躯开始了担泔水、打猪草、喂猪、起圈等又脏又累的体力劳动。但是，他始终坚守心中的信仰，始终坚守为党工作的决心。1972 年春节，他在给子女的信中写道："展望党和国家，在毛主席、党中央领导下，蒸蒸日上，前途越来越美好。林贼败亡，极'左'思潮，歪风邪气，正受打击，正气上升，党的干部政策和知识分子政策正在落实，心情是兴奋的，革命意志是旺盛的。且幸身体日益强健，老当益壮，尚可为党工作一些年，党的干部政策和知识分子政策深信总有落实到身上之日。"果真，不久之后，胡华接到了返京的调令，担任中国革命博物馆（现中国国家博物馆）顾问。1978年中国人民大学复校后，他始终凝心聚力于中共党史学的教学与研究，保持定力，最终成为党史研究大家。他在中共党史学科体系建设、人才培养方面的贡献，可以说无人能及。他长期担任主任的中国人民大学中共党史系，是国内高校设立最早的中共党史专门院系，在很长时间内也是专门从事中共党史教学研究的唯一院系。中共党史系的课程体系是在他的主持下建立起来的，教师队伍是在他的领导下成长起来的，教材和大纲等是在他的主导下编写的，大量的党史研究人才是他培养起来的。胡华老师作为国务院学位委员会第一届和第二届学科评议组成员、政治学和法学组召集人，中共党史专业的第一位博士生导师，为全国中共党史专业研究生教育的开创和发展作出了重要贡献。他还参与成立了全国中共党史研究会（后改称中国中共党史学会），任常务副会长。值得一提的是，《中共党史人物传》从拟定选题，到组稿、审稿，再到出版、发行等，是一项系统工程，艰难浩繁。在胡华离世前的 7 年内，他主持了14 次审稿会，与出版社编辑互通的书信就有 100 多封，每天超负荷工作，在生命的最后时刻仍抱病审阅传稿，共终审《中共党史人物传》44 卷，传稿 572 篇，达 1050 万字。胡华曾说：

"烈士们用鲜血书写了他们的斗争史,我们要用烈士的精神来从事这一崇高的工作!"胡华的生命与信仰始终与中共党史研究和党的教育事业紧密交织,他始终坚持马克思主义理想信仰,始终坚持学习研究党的历史与理论,真实诠释了"生就是奋斗,死就是休息"的人生信条,也向我们展示了一位马克思主义史学家胸怀信仰、淡泊明志、保持定力的辉煌人生。他不啻今天的青年马克思主义学者排除干扰、保持定力、专心研究的典范。

(三)宁静致远:定力之本

淡泊明志是定力之源,有了淡泊的态度,更有坚定明晰的信仰与志向,定力就能自然产生。但是,定力如何保持,如何持久,是又一个关键的问题。对这一问题的解答,仁者见仁智者见智。但我认为,定力生发之后,保持"静"的心态,是非常重要的,宁静方能致远,定力方能持久,学术之树才能常青。因此,宁静致远是保持定力的根本。

中国的传统文化对"静"的理解,发人深省,给人智慧和启迪。老子说:"致虚极,守静笃;万物并作,吾以观复。夫物芸芸,各复归其根。归根曰静,静曰复命。"《道德经》中又云"静有千益，唯静万德"。可见，老子对静的本质内涵有着极高的评价。王阳明说："静能见其体"。晚清帝师翁同龢有一副对联，"每临大事有静气，不信今时无古贤"。可以说，静是中国传统文化中的一种最高境界，在今天仍然具有强烈的现实意义。

静是一种平和的状态，是自身与世界万物和谐共处、从容以对的能力。静虽然在更多时候显示为稳定的状态，是一种恒定的长久之力，然而，这种静的力量是摧枯拉朽的激烈力量所无法匹敌的。正是这个原因，静是定力之本。对于学术而言，首先，静是甘愿将自身奉献于所从事的理论研究事业，乐此不疲，并从中找到安身立命之本。其次，静是向下夯实理论功底，向内深挖开拓研究领域，找到持久恒定的研究方向。再次，静是面对纷繁复杂的社会现象，保持冷静分析的通透智慧和能力。拥有了上述这些静的状态和能力，定力自然能保持，就一定能做出非凡的学术成就。

当代马克思主义哲学家、教育家，中国人民大学一级教授、学术委员会主任，教育部社科委哲学组召集人，曾任国务院学科评议组成员、全国历史唯物主义学会会长、国家社科基金哲学组组长，被评为"全国最美教师"、北京市优秀共产党员，并获吴玉章人文社会科学终身成就奖的陈先达先生就是这样的典范人物。他在自传体随笔《专业、职业与信仰——我的治学之路》中，把自己的一生概括为"最惬意的人生是专业、职业、信仰的结合"。他认为自己选择了马克思主义哲学，自觉接受马克思主义哲学信仰，是"真理占有我"。倡导身体力行把"姓马"（从事马克思主义研究和教学的职业）与"信马"（真正信仰马克思主义）统一起来。这就是一种甘愿献身于理论事业的"静"与平和。20世纪80年代，当西方理论成为研究热潮之时，陈先达先生却保持研究的静气与定力，沿着马克思历史观的思想轨迹，写成并出版《走向历史的深处》这一至今仍具有重要影响力的学术著作，阐释历史的客观性、规律性和目的性，探讨历史唯物主义的史学功能、历史的价值评价和道德评价等问题。这些研究都从不同角度彰显了马克思主义哲学的解释力和生命力。陈先达先生的很多看法来自对社会现象的冷静观察。比如，他提出既反对文化虚无主义，又反对文化保守主义，主张"以'旧邦新命'为解开马克思主义与中国传统文化关系争论之谜的一把钥匙"。主张站在社会形态更替的高度来审视马克思主义和中国传统文化的关系，在讨论马克思主义和以儒学为主的中国传统文化的关系时，绝不能忘记社会形态变革这个重大的历史和现实。既要看到只有以马克思主义为指导才能变革中国社会，又要看到马克思主义在中国必须与中国传统文化有机结合才能获得强大力量。这些闪耀着真理光芒的思想，对我们当前的"两个结合"尤其是"第二个结合"的理论与实践，有重要的指导价值。

可见，淡泊明志是定力之源，拥有静气方能保持定力。今天的青年马克思主义学者，学术人生的道路刚刚起航，我们要以前辈学者和理论大家为典范，做到方向不变、志气不改，保持定力、久久为功，就一定能实现学术追求和理想，成为坚定的马克思主义理论研究者和践行者。

二、研究切入点：如何写好文献综述

　　阅读文献、撰写文献综述是学者的学术基本功。对于马克思主义理论学科来说，浩如烟海的经典文献、丰富多彩的现代文献、范式多元的国外文献，构成了庞大的文献体系和知识仓库。准确地理解和把握文献，是开展马克思主义学术研究的重要前提，也是撰写学术论文的必经环节。

（一）文献综述的类型

　　对文献综述本身属性的界定是首先要讨论的问题，从类型来看，文献综述可以分为"作为独立论文的文献综述"和"作为论文组成部分的文献综述"这两种。经常有同学会问，能不能围绕一个问题单独写一篇文献综述。我的回答是，对于初学者来说，单独写一篇文献综述虽然是一个很好的锻炼文笔和提炼想法的办法，但是一般来说很难得以发表。原因主要有两个，一是文献综述的论文往往被引用的概率会比较小。通常来说，文献综述只是提供了进一步查找文献的线索，而不是一个具体的边际贡献，因此，文献综述通常较少被引用。这就使得刊物不太愿意发表文献综述的论文。不仅如此，目前各学科中专门刊载文献综述的刊物十分稀少，早期一些以文献综述见长的刊物都在朝着研究型刊物转型。典型的有《国外理论动态》《经济学动态》《世界社会科学》《中国社会科学评价》等，这些刊物普遍开始把更多的注意力放在研究型论文上，专门的文献综述论文比重有所下降。其二，初学者往往不容易写出高质量文献综述。写作一篇高质量文献综述，需要对本学科的发展基础、知识体系和最新动态十分熟悉，甚至是烂熟于心。这对于初学者来说是不容易做到的，因此，作为独立成文的文献综述，往往是由学科中的资深学者完成的。也正是由于这两个原因，初学者所完成的文献综述，通常会遇到发表上的困难，因此，尽管可以去尝试，但是必须做好面对失败的准备。

进一步来看，"作为论文组成部分的文献综述"也分为两种不同的情况。一是作为学位论文中的文献综述。这类文献综述是学位论文的重要组成部分，也是开展学位论文的重要基础性工作。这种文献综述覆盖面广、内容丰富，本身就构成了一个独立的研究工作环节。

二是作为研究性论文中的文献综述。对于这一类文献综述，写与不写，如何来写，都存在着很大的讨论空间。从一般性的学术规范来看，特别是西方哲学社会科学的研究传统来看，文献综述是一篇研究性论文必不可少的部分。因为，在展示作者自己观点之前，必须对学界已有的研究进行浏览，对既有的理论观点进行分类整理，以便于提炼出作者自己的研究相对于以往研究的"边际贡献"。因此，总体上来说，马克思主义理论学科的研究性论文也应当有一个文献综述部分。

　　但是，这也不是绝对的。对于某些主题来说，提供文献综述并不一定是必须的。在马克思主义理论学科，对于那种"非问题导向"的论文而言，往往只是梳理某个马克思主义的经典理论，并阐述其当代价值。譬如，马克思主义的生产力理论及其当代价值、马克思主义的生态文明思想及其现实意义、马克思主义的意识形态理论及其启示。类似这种选题，几乎没有进行文献综述的必要，因为这类论文的研究对象就是马克思主义经典文献本身，进行"文献综述"与正文本身会有很多重复的地方。当然，由于这类选题的论文接近于一种大型"读书笔记"，其学术性已经大打折扣，而缺乏相关文献综述，也是这种主题的论文学术性较低的一种表现。因此，这种主题的马克思主义理论论文，仅仅适用于初学者练笔，但凡问题导向的研究性论文，一段充实、客观、清晰的文献综述通常是必不可少的。

（二）研究性论文中的文献综述

对于文献综述的写法，并没有统一的标准。特别是对于研究性论文中的文献综述，其呈现方式更是多样化的。具体来说，这里值得探讨的有三个问题。一是文献述评在论文中的位置选择问题；二是所选择文献的数量规模，读多少文献、评述多少文献等这些问题；三是文献评述的"度"如何把握的问题。

1. 文献选择的标准和方法

选择哪些文献，阅读多少文献，这不仅仅是写作文献综述必须首先思考的问题，也是整个论文写作的重要考量环节。总的来看，文献分为论文类和著作类两种，这两种文献在论文写作中的作用是有很大差异的。

首先来看论文类文献的选择。写作论文必须参考论文，一篇优秀的作品必然建立在深入的论文文献阅读的基础上。从一般经验来说，如果拟在一个月以内写作一篇马克思主义理论学科的研究性论文，则需要选择不少于 50 篇的相关主题论文进行阅读。但是，这个阅读过程并不是均匀用力的。首先，需要对文献进行筛选，剔除那些短论、质量较低以及无益于深入分析的论文；其次，对那些观点接近的论文进行整合，挑选最有代表性的论文；最后，在以上工作基础上，挑选具有代表性的 10—15 篇论文进行精读。这里的"代表性"有两个层面的含义，一是要选出学术领军人物发表的鸿篇巨制，这种宏大叙事作品能够拓宽我们理解问题的视野。二是要选出技术性强、构思精巧的说理型作品，这种论文能够让我们更好地把握问题的细节，启发思路。对于这 10—15 篇论文，必须反复阅读，深入理解，对其行文特征、逻辑环节以及延伸文献都要有所把握。这也就构成了我们写作文献综述的核心内容。

另一种文献是学术著作。阅读经典的学术著作是一位初学者的基本功，但是，在学术论文的文献综述部分，如何对学术著作中的观点进行概括，是一项值得注意的工作。一般来说，对于经典的学术著作，学术界一般都对其核心观点进行过概括，因此，我们在文献综述中引用这些观点即可。当然，只用一句话或者几个观点来概括一部经典著作或一位学者的思想，这本身就是一项很有挑战性的工作，因此在文献综述中涉及经典著作时必须十分小心，力求用最简洁、最准确的语言进行观点概括。同时，从单纯文献综述的写作来看，由于经典学术著作的时效性并不强，因此，学术著作的观点更适用于在正文中引用，以作为我们分析问题的佐证和资料。

2. 文献综述的位置

对于文献综述放在文中哪个位置，是一个值得讨论的问题。一般来说，文献综述放在论文的"导语"或"引言"部分之后。在论文伊始，要对研究背景和选题意义进行阐述，提出文章所要解决的核心问题。在这之后，就需要对现有的文献进行梳理，以便于从整体上把握该主题的研究全貌和动态进展。因此，通常来看，文献综述会出现在提出问题之后，分析问题之前。这是一个比较普遍的处理方式。

但是，这种处理方式往往会碰到一些棘手的问题。与那种实证性的研究不同，马克思主义理论学科的论文往往是以说理为主要方法的。取得研究结论的过程往往需要逻辑上环环相扣的推理和论证，因此，在篇幅十分有限的文献综述中讲清楚既有文献的逻辑思路、框架结构和主要结论，是一件很有难度的事情。另外，在写作那些以解决问题为目的的论文时，我们能找到的选题完全一致的文献并不多，我们所要研究的问题往往只是文献所关注的问题的一部分。换言之，文献之间主要是内容的交叉，很难说选题完全一致、内容高度契合。这就导致，如果我们只是在文献综述中阐述与本主题相关的内容，很可能会造成对文献"以偏概全"的理解。也就是说，我们把一些选题宏大的文献放在综述中加以述评时，实际上这类文献涉及的问题很广，它涉及我们研究主题的内容很少，此时，该文献中与主题相关的内容、作为统摄我们所研究主题的那个更大的框架和更完备的思路是否需要展现出来？如何处理部分与整体的关系？很显然，在一个篇幅十分有限的文献综述中，这都是难以解决的问题。

因此，除了在引言后开展文献综述的做法，也可以采取另一种方法，即夹述夹议的叙述和分析方法。这种文献综述并不采用集中的文献述评，而是在行文过程中，当涉及某个具体观点时，引用相关文献进行佐证和说明，并适时地对既有文献的观点进行评价。从形式上来看，尽管不再对文献进行集中述评，但文献本身成为分析材料，作者可以从各个不同视角选择文献，为作者自己的论述提供参考资料。也可以从正反两方面选择文献，作者对这些对立的观点进行辨析，使得论文的叙述更为充实和饱满。当然，这种夹叙夹议的文献综述方法对作者也提出了更高的写作能力要求，这需要对文献的内容十分熟悉，同时能够熟练地驾驭文献，使之为自己的行文逻辑服务，这也就是我们通常所说的从"我注六经"到"六经注我"的过程。

上文曾指出，一些经典著作或著名学者的观点，可以在正文中使用。实际上，对于这类作品，在很多场合下，对其进行严格的综述是不必要的，因为这些观点是学者们耳熟能详的。此时的"综述"更类似一种让读者产生共鸣感的做法。譬如，在最近一篇以"精神生产与新质生产力"为题的文章中，笔者在结论部分这样写道："自工业文明以来，工具理性的理念甚嚣尘上，价值理念的合法性却日渐式微。斯宾格勒对'西方没落'的反思检讨，海德格尔对'技术异化'的根源批判，霍克海默对'文化工业'的尖锐质问，马尔库塞对'单向度人'的系统解构，鲍德里亚对'符号消费'的深刻解析，德波对'景观社会'的本质祛魅，无不指向一个共识：人类的物质世界不断丰裕，日益走向技术化、自动化、智能化，然而，人类的精神世界却面临着深刻危机。"很显然，这里已经到了结论部分，列举这些观点并不是做一个文献综述，但采用这种夹叙夹议的方式，比较自然地对经典观点进行了梳理，增加了论文本身的学术厚度。

（三）集中式文献综述的写法

夹述夹议的文献综述是与论文本身的内容紧密结合在一起的，必须结合论文本身的创作逻辑进行写作，因此也就不存在原则性的方法。这里我们所指的文献综述，主要是在文章引言或导语部分后的集中式的文献综述。对于这一类文献，初学者往往将其写成了文献的罗列和堆砌，大量文献毫无逻辑地排列在一起，看不清其中的顺序和线索，这实际上会给论文本身"减分"。在这里，我们主要提出两种文献综述的写作方法。

第一种方法是根据作者论文的框架进行文献综述。当作者已经设计出论文的框架后，可以根据框架中涉及的内容，有针对性地选择文献进行综述，并将其逻辑性地链接起来，形成一个完整的文献综述。这种做法的优点在于文献综述能够与后文的分析部分很好地匹配起来，从结构上来看比较清晰。读者在看完文献综述后，实际上也已经能够预判后面正文部分的结构安排了。但是，这种写法的缺点也是很明显的，最主要的是，有时往往难以找到与作者论文内容紧密关联的文献。为了解决这个问题，通常来说，可以采取"总分结合"的方式，即将文献综述分为两部分，第一部分首先进行相关文献的总体概述，即将与论文相关的文献进行一个整体性的描述。第二部分根据论文框架，将相关文献进行相应分类之后，再分部进行评述。

第二种方法是根据既有的、通用的或公认的分析框架和逻辑进路进行文献综述。也就是说，根据那些具有公理性质的原则和框架安排文献出场的顺序，使之形成一个有规律可循的逻辑整体。譬如，在马克思主义理论学科中，可以使用生产力—生产关系、经济基础—上层建筑的逻辑框架对文献进行分类，然后再进行分析。而在生产力、生产关系、经济基础和上层建筑内部，也还有公认的内容框架。譬如，生产力可以分为劳动者、劳动资料和劳动对象；生产关系可以分为生产资料所有制、收入分配关系、人与人之间的经济关系等三个方面；经济基础可以包括宏观、中观和微观三个层面的分析内容；上层建筑可以分为政治上层建筑和观念上层建筑两个方面。作者可以根据这些框架性的内容，搜索相应的文献进行综述。当然，这种文献综述也要结合论文分析的需要来进行，如果论文本身就是采取这些分析框架进行逻辑展开的，那么，这种文献综述就能更好地结合分析需要了，如果论文本身不是按照这些分析框架来展开的，就要注意所选取的文献还应该与本文的主题有关联性。

（四）一些技术性的问题

对于文献综述写作，还有一些技术性的问题需要初学者注意。

1. 文献计量软件的运用

随着信息技术和大数据计算技术的发展，一些文献计量软件也应运而生了。这些软件具有强大的信息收集和处理能力，能够帮助我们更好地把握文献全貌，提炼文献中蕴含的学术信息。常用的知识图谱工具和文献计量软件包括 Bibexcel、CiteSpace、COOC、CiteNet、ST、TE 等等。这些工具和软件具有强大的数据处理能力，甚至还可以生成可视化的图表来表现文献所传递的信息。

有选择性地使用文献计量软件，对于我们的文献综述写作具有很重要的意义。特别是在论文写作的初始阶段，我们对主题的文献概括还不太了解时，文献计量软件能够比较快地为我们展示一些基本信息，提炼该主题文献的关键词、研究热点和主要方向。同时，学术计量软件能够通过数据整理的方式，展示该主题的主要作者、单位以及团队合作情况，这对于我们快速了解主题研究现状是非常有裨益的。当然，在文献综述和论文写作的后期，我们主要还是依靠人工解读推进工作的。毕竟，我们不能指望文献计量软件达到人类头脑的信息整合和思路凝练程度，总体上来看，文献计量软件主要仍然是以一种辅助工具的角色出现的。

2. 国外文献的选取

马克思主义理论学科的学术创作也需要了解国外理论进展，因此，恰当地选择一些国外文献，也有助于拓宽我们的学术视野，增加文献综述的"厚度"。当然，马克思主义经典作家的著作自然属于国外文献，这里所指的主要是现当代国外马克思主义的研究型文献。除国外学者的学术专著外，左翼期刊也成为国外学术信息的重要来源。目前，可作为马克思主义理论专业的参考外文期刊主要有：《科学与社会》《新左派评论》《资本与阶级》《资本主义、自然、社会主义》《批判社会学》《历史唯物主义》《国际社会主义》《每月评论》《过去和现在》《激进哲学》《重思马克思主义》《社会主义与民主》《批判》《政治经济学评论》《社会经济学评论》《新政治经济学》《剑桥经济学杂志》《南方农业：政治经济学杂志》《激进政治经济学评论》《竞争与变革》《日本政治经济学》《经济与社会》等。

3. 有利于发表的几种文献选取方式

对于那些目标定位于发表的研究性论文，在写作过程中，有针对性地选择一些恰当的文献进行梳理和总结，也有可能更有利于文章的发表。譬如，选择一些目标刊物本身发表的论文作为参考文献，表示作者对刊物很重视，对其相关研究有所关注。再例如，选取权威刊物和本领域知名作者的文献，表明作者参考文献的档次比较高，是以较高的学术标准来进行创作的。同时，如果作者本人已经有一些发表出来的作品，也可以选择自己的作品作为文献，以表明自己对这个主题比较熟悉，具备了一些研究基础。总之，这些方法都可以在具体创作和投稿过程中运用，当然，有针对性地选择文献进行梳理和综述，不仅仅是为了释放一些"信号"，也不是为了引用而引用，而是要扎扎实实地阅读文献，体会前人的学术心得，总结既有文献的优点和缺陷，以求在创作过程中不断提高自身的学术水平和写作能力。

总结来看，文献综述写作是马克思主义理论研究者的基本功，无论是学位论文还是刊物论文，文献综述都在其中扮演着重要角色。我们每个人都是站在巨人肩膀上的学习者，充实、客观、清晰的文献综述，既表现了作者谦虚的学术态度，也彰显出思考的逻辑力量。因此，对于初学者而言，写作文献综述不失为合适的研究导引牌和学术热身赛。重视文献，敬畏学术，冷静思考，马克思主义在前进。

三、"杜拉拉升职记"：如何走好入职第一步

就业问题一直以来是青年群体最关心的问题之一，牵动着每一位高校毕业生的神经。考证、考公、投递简历……疲于奔波，略感迷茫，忧心于自己的未来该走向何方。走出象牙塔，阔别学生时代后，我们将踏入职场生涯，而入职第一步往往将成为人生道路上关键的岔道口，对于此后人生的一个时期，甚至是一生都将产生重要影响。作为芸芸众生中的一员，如何才能像杜拉拉一样，一步步地由平凡走向卓越，实现心中的职业理想呢？

（一）立足自身实际，找准职业定位

党的十八大以来，马克思主义中国化时代化实现了新飞跃，同时，马克思主义理论学科也迎来了新发展。党中央高度重视马克思主义理论学科建设，推动马克思主义理论学科从"隐学科"向"显学科"发展，将发展马克思主义理论学

科作为巩固马克思主义在意识形态领域指导地位的重要途径。从中央到地方，马克思主义学院被列为重点学院，马克思主义理论学科被列为重点学科，思想政治理论课也被提为重点课程。自 2016 年到 2021 年，马克思主义理论一级学科博士学位授权点数量从 39 个增至 104 个，硕士学位授权点从 129 个增至 279 个。全国高校马克思主义学院由 2012 年的 100 余家发展到 2021 年的 1440 余家。截至 2022 年，马克思主义理论学科本硕博在读生达 6.2 万人，专兼职思政课教师超 12.7 万人，而且思政课教师队伍趋于年轻化，49 岁以下教师占比 77.7%。

在此背景下，马克思主义理论专业的毕业生具有新的发展机遇，也面临新的时代挑战。当前，中国正处于实现中华民族伟大复兴的关键时期，而世界处于百年未有之大变局。中国特色社会主义推动世界社会主义运动走向新一轮高潮，马克思主义理论学科呈现出大繁荣的发展态势，为马克思主义理论专业的毕业生提供了干事创业的广阔天地。高校、党政机关、企事业单位、媒体出版等各行业均是马克思主义理论专业毕业生可以选择的职业方向，但是，不同行业的要求和标准又是大不相同的，需要我们结合自身实际情况来判断和选择。另外，高校思政课青年教师人数的增长，以及在校马克思主义理论学科学生队伍的壮大推动了相关优秀成果不断涌现，优秀人才层出不穷，较以往而言，竞争不可避免地更为激烈了。尤其在学术锦标赛模式下，青年教师需要不断地进行高质量科研产出才能保住教职，青年学生也需要较快地产出科研成果才能争取到心仪的就业机会。常常听身边的师友谈及，生活似乎总是被追赶着前进，面临着较大的职业压力，在"内卷"的时代，总是担心自己不够努力，不够出色，成长的速度不够快。换一个角度来讲，"卷"也是马克思主义青年学者敬业的表现，脚踏实地、锐意进取，承担起了新时代推进马克思主义中国化时代化的历史使命。"卷"的过程本身，就是积极进取的姿态，闪耀着奋发努力的青春精神与力量。

正确的选择将指引前行的方向，是实现职业理想的必要条件之一。认真地考虑职业定位和职业选择，"无疑是开始走上生活道路而又不愿在最重要的事情上听天由命的青年的首要责任"①。在择业问题上，青年时代的马克思为我们树立了榜样。17岁时，马克思在《青年在选择职业时的考虑》一文中写道："在选择职业时，我们应该遵循的主要指针是人类的幸福和我们自身的完美……人只有为同时代人的完美、为他们的幸福而工作，

---

① 《马克思恩格斯全集》第1卷，人民出版社1995年版，第455页。

自己才能达到完美。"① 在马克思看来，只有将个人的职业理想置于为全人类幸福而奋斗的伟大事业中，才能实现"自身的完美"。选择职业的价值标准并非为了自身谋取私利，而是为了实现人类幸福。"如果我们选择了最能为人类而工作的职业，那么……我们的幸福将属于千百万人……而面对我们的骨灰，高尚的人们将洒下热泪。"② 马克思在人生早期就确定了一生的职业方向，并在此后的岁月里，始终为此努力，最终成为影响世界和人类历史进程的思想家与革命家。时光流转，我们所处的时代，所面临的就业环境，较马克思所处的时代，已发生了巨大的改变，但是择业观是相同的。在思考自身职业定位时，要始终将国家社会的需要和我们所承担的历史使命放在第一位。生活的辩证法早已揭示了个人与社会的关系，个人的事业越是同时代紧密相连，越能创造出自身的价值。正如鲁迅先生所言："想看好花，一定要有好土；没有土，便没有花木了；所以土实在较花木还重要。"将个人所长与社会所需相结合，到祖国和人民最需要的地方发挥能量，才能真正彰显个人价值。

　　在现实中，我们常常面临主观与客观之间的矛盾，比如，

---

① 《马克思恩格斯全集》第 1 卷，人民出版社 1995 年版，第 459 页。
② 《马克思恩格斯全集》第 1 卷，人民出版社 1995 年版，第 459—460 页。

大城市大单位的招聘名额少，进人要求高，而小城市小单位又很难招到高水平人才；较为稳定、工作压力小的单位，收入往往不高，而收入高的单位，往往面临激烈的竞争和工作压力；与个人兴趣契合的岗位不急于进人，就业机会较少，而与个人兴趣偏差较大的岗位又有较多的招聘需求等等。经过一定时期的学术训练，我们在知识储备、行业经验和工作技能上大多也已有一定的积累，需要对于个人擅长的领域、能够承受的压力、感兴趣的内容等有大致判断。在求职前，积极地了解各行业状况，有助于将择业的主观想象与客观现实相统一，减少信息壁垒与误差，更准确地进行职业定位。

青年选择职业时，要正视客观存在的社会条件，也要考虑个人的主观意愿。一方面，职业定位不能超越客观现实，要充分考虑到身体素质、自身能力、社会关系等因素。职业是人的生命体所从事的活动，身体素质和自身能力是保障职业发展的重要因素。如果我们错误地估计了自己的体质与能力，选择了超越身体和能力承受范围的职业，就相当于"冒险把大厦建筑在残破的废墟上，我们的一生也就变成一场精神原则和肉体原则之间的不幸的斗争"[①]。此外，自身所处的客观环境和社会

---

① 《马克思恩格斯全集》第 1 卷，人民出版社 1995 年版，第 457 页。

关系对于青年选择职业起着制约作用，是不以人的意志为转移的。马克思清醒地指出："我们并不总是能够选择我们自认为适合的职业；我们在社会上的关系，还在我们有能力决定它们以前就已经在某种程度上开始确立了。"① 另一方面，职业定位要同个人的主观意愿相符合，包括个人的兴趣、喜好、意愿等等。能够从事自身热爱的职业，同时这种职业又刚好符合现实条件，能够成为人生的奋斗方向，将是极大的幸运。此外，马克思还提醒我们，不能因一时热血上头，或者为了满足虚荣、名利等而选择职业。我们长期从事这样的职业，可能会产生疲倦、松劲和低落的情绪，很快就会感到空虚，并未实现真正的理想。"如果我们经过冷静的考察，认清了所选择的职业的全部分量，了解它的困难以后，仍然对它充满热情，仍然爱它，觉得自己适合于它，那时我们就可以选择它"②。

（二）发挥主动精神，争取求职机会

科技进步、社会变迁、生活节奏不断加速，社会中的个

---

① 《马克思恩格斯全集》第 1 卷，人民出版社 1995 年版，第 457 页。
② 《马克思恩格斯全集》第 1 卷，人民出版社 1995 年版，第 457 页。

体不得不持续投入更多时间和精力以免落后于时代发展。随之，"内卷"在当代青年中成功破圈。与之相伴，"佛系""躺平""摆烂"成为青年群体反"内卷"的流行话语表达，高频地出现在生活中。近年来，媒体和网友频繁喊"史上最难就业季"，似乎每一年的就业形势都不容乐观，毕业生们高呼"没有最卷只有更卷"。从这些热词中，可以窥探当代青年的情绪基调和价值取向，凸显了当代青年的生存焦虑。

面对"就业难"，越来越多的毕业生选择了"慢就业"。许多的高校毕业生在毕业后不再着急找工作，而是选择游学深造、反复备考、等待就业等多种方式暂缓就业，通过慢慢择业来找到理想的工作。越来越多的高校毕业生更加珍惜应届生的身份，为了保住应届生身份选择延迟毕业，以延长毕业窗口期来应对就业困境。根据智联招聘的调查数据显示，2023 年应届生选择"慢就业"的比例从去年的 15.9%上升到 18.9%。毕业后落实工作不再是最为急迫的事项，而是等找到理想的去向再选择就业，反映了高校毕业生对于更高质量就业的期待，更加注重自我价值和自我发展。在"躺平"与"内卷"之间，在"快就业"与"慢就业"之间，我们该如何看待和理解这些现象呢？如何选择和应对呢？

与其说"就业难""慢就业"等现象是高校毕业生面临的

困惑，不如说是当前社会面临的考题。面对世界百年未有之大变局，世界经济不断收缩，中国经济发展受到了一定影响，但始终处于有序调整中。经济增速的调整将对就业需求产生一定冲击，加上我国就业总量大，结构性矛盾突出，给解决就业难问题带来了挑战。随着科学技术的发展与应用，产业逐渐转型，知识经济快速发展，劳动者素质和能力的提高是社会发展的必然趋势。中国高等教育已从"精英教育"向"大众教育"加速转变，劳动力的平均素质大幅度提升，高校毕业生的规模与社会需求之间的供求关系已发生倾斜。

但是，也应该看到，我国宏观经济的平稳运行为解决就业问题奠定了重要基础。2023 年，中国经济总量依然稳居世界第二，同比增长 5.2%，增速快于多数主要经济体，交出这份成绩单实属不易。2023 年政府工作报告强调，政府将"落实落细就业优先政策，把促进青年特别是高校毕业生就业工作摆在更加突出的位置，切实保障好基本民生"。党和国家始终重视高校毕业生的就业问题，坚持就业优先的宏观战略，从国家到地方相继出台了指导性意见与帮扶办法，逐步缓解和解决就业问题。

一代人有一代人的长征，一代人有一代人的担当。学习与焦虑和平相处是当代青年的必修课，只有在迷茫中坚持，在自我怀疑中继续前行，才能穿过漫漫长夜，等到黎明的曙光。从我们自身而言，面对充满不确定的时代，更要坚守确定的自己，积极应对前行中的挑战与困难。"躺平"时不错过发展机遇，"内卷"中不执着于结果，享受探索的过程，用奋斗的汗水来浇灌理想之花。当代中国青年要发挥主动精神，积极寻找机会，将个人的理想与国家的需要相联系、与时代的需要相结合，在致力于推动中华民族伟大复兴的事业中实现"自身的完美"。习近平总书记指出："'人才有高下，知物由学。'梦想从学习开始，事业靠本领成就。广大青年要自觉加强学习，不断增强本领。"[①] 对于马克思主义理论学科的毕业生，坚定政治立场和理想信念是基本的职业素养。同时，要学习马克思治学的勤奋态度、严谨作风和革命精神，站在最广大劳动人民的立场，广泛吸收人类优秀文化成果，深入研究当代重大理论与现实问题，不断夯实专业本领。在校期间，应当珍惜时间，铸牢根基，久久为功，尽早做好职业规划和职业准备，才能在求职中争取更多的可能性。在此基础上，主动积极地求职才能发挥最大作用，才能实现自身的职业理想。

---

① 习近平：《在知识分子、劳动模范、青年代表座谈会上的讲话》，人民出版社 2016 年版，第 11 页。

（三）转变身份角色，开启职场生涯

从学校走向社会的过程是从理想走向现实的过程，也是将个人的期待值与客观现实生活相统一的过程。毕业后，尽快地适应社会和职场，实现由"学生"到"社会人"的角色转变，有益于把握新的发展机遇。学生时代悄然落幕，职业生涯正式开启，如何适应新生活和新岗位，是每一位高校毕业生都需要面对的现实问题。

第一，实现角色转换。社会角色是社会赋予每个人的社会权利和义务，反映了个人在社会中的地位和在人际关系中的位置。不同的社会关系会形成不同的规范，对于不同的社会角色也将有不同的期待。随着社会关系和社会任务的变化，社会角色也会随之转换。就业前，我们的社会角色是学生，社会以对学生的要求来评价我们的行为。就业后，我们的社会角色是职业人员，社会不会再以对学生的要求来衡量我们，而是以对职业人员的行为规范和要求来评价我们的行为。学生角色要求我们学习知识，培养能力，提升自身素养，成长为社会需要的合格人才。而职业角色的要求是以掌握的知识和本领承担职业义务，履行岗位职责，并按一定的规范开展职业活动，承担更多的社会责任，为社会作出贡献。从学生角色到职业角色的转变,是从接受知识到运用知识的转换。接受知识依靠理解和记忆,运用知识需要结合客观实际对知识进行创造性转化。职业人员在工作上的失职不仅关系个人,而且可能会产生不良社会影响,甚至承担纪律、行政、法律等责任。

踏入社会初期,往往会面临主观想法与客观现实之间的矛盾。我们需要转换思维方式和行为习惯,进入职业角色,适应新的工作环境,以便发挥自己的优势。具体而言,要了解单位的历史、规章制度、岗位性质、考核要求等。遵守单位相关规定,多向前辈学习请教。在适应新环境的过程中,难免会因与想象有差异、考核压力大、孤单陌生等因素而产生心理波动,可以尝试与朋友谈心、运动等方式来调整状态,恢复内心的平衡稳定,积极乐观地面对工作中的挑战。

第二,融入新集体。熟悉新的工作环境,处理好与领导、同事之间的人际关系,融入新的集体,可以帮助刚踏入职场的毕业生尽快适应工作。要认识到职业环境不同于学校环境,例如,学校环境的约束处罚主要以批评教育为主,而职业环境更具有约束性,如果违反单位的规章制度,将面临相关处罚,甚至影响以后的发展。学校对于不当的思想言行更具包容性,将继续对学生开展思维训练和行为养成,而不当思想言行能够产生现实社会影响也十分有限。但是,在职业环境下,岗位承载着责任，思想言行都具有社会影响，对于失误和疏忽的容错率较低。此外，相比学校而言，职业环境更具有分工协作特点。整个工作单位职能的发挥依赖于每个部门中个体的积极工作和相互配合，而个体也只有在工作交往中才能顺利地完成工作任务，感受到自身的价值。

"人的本质……是一切社会关系的总和。"① 人是社会的重要组成部分，并通过社会活动形成人际关系。建立和谐的人际关系有利于更快地融入新集体，保持工作的良好心态，更好地完成工作任务。与同事相处，要以理解对方为基础，尽可能平等交流、有效沟通，明白和体会对方的想法，求同存异，宽以待人。在沟通的过程中，听、说、问的比例需要协调，提升交流的效率，才能更好地推进工作。诚恳礼貌，谦逊而不拘谨，善于听取领导和同事的建议意见。

第三，踏实靠谱干事。初入职场，要将学生时代获得的荣耀与成就归零，以谦虚的态度不断学习，勇于创新和突破。在工作中，当自身知识结构与具体工作需要不对应不匹配时，要摆正心态，树立终身学习的理念，不断提高和完善自己。正如詹天佑在《敬告青年工学家》一文中强调的："青年学子，

---

① 《马克思恩格斯文集》第 1 卷，人民出版社 2009 年版，第 501 页。

一出校门，辄辍学业，得一位置，已自满足。及至实地工作，亦惟求称职而已。至于退食之暇，尚发奋求学者实为少数。于是囿于旧闻，不求精益，甚至自矜一得，迹近恃盈，而彼邦日有发明，我则瞠乎其后。如是而望工学之进步，不亦难乎？故必从事业以求精理，温故业而启新知。"离开校园后，仍需要坚持不懈地学习新知，踏实认真，不断创新，不断完善个人的能力结构。充分发挥个体的主观能动性，开展创造性劳动，提出问题，发展问题，并解决问题，不断释放自身潜能。

同时，我们要立足岗位，认真对待工作，将个人能力和特长与岗位相结合，勇敢担起每一项任务，做好每个细节，积累工作经验。古人云："天下大事，必作于细"，"千里之堤，溃于蚁穴"。追求细节的尽善尽美，能够避免很多失误与遗憾，创造出更佳的工作业绩。当今，社会竞争日益激烈，个人或者组织面对的压力都不断上升，更需要我们重视工作细节，将简单平凡的事情做好。

当工作出现错误时，要勇于承担责任，从自身找原因，想办法去解决问题，用实际行动代替借口，善于将困境转化为机遇。为自己的错误寻找借口，更容易使自己产生敷衍了事和放弃解决的想法，导致工作拖拖拉拉，甚至影响个人信誉，失去重要机会。发现错误后，不找借口，立即行动，在有限的时间里，积极补救，多想解决办法，培养可信赖、能担重任的品质。凡事有回应，件件有着落。在工作中，问题和困境就像被云雾遮蔽的高山，爬山的人们不知道前方的路途究竟有多远，也不知道山路上还有哪些危险。勇敢的人不会将此作为放弃攀登的借口，而是克服恐惧，继续攀登。唯有此才有机会登上顶峰，看到更加美丽和辽阔的风景。

四、再见象牙塔：初入职场的那些事儿

（一）有方向的一生

"历史不外是各个世代的依次交替。"① 一个国家和民族社会历史的发展与进步，正是在各个世代的依次交替中、在一代又一代人的传承和接力中实现的。中国特色社会主义进入新时代，实现中华民族伟大复兴进入了不可逆转的历史进程。

"马克思给我们留下的最有价值、最具影响力的精神财富，就是以他名字命名的科学理论——马克思主义。这一理论犹如壮丽的日出，照亮了人类探索历史规律和寻求自身解放的道路。"②2018 年是马克思诞辰 200 周年，那一年我踏入了清华大学，有幸成为清华大学首批党的建设专业博士研究生，在这方静谧的园子中，我专心研读马克思主义党的建设相关经典著

---

① 《马克思恩格斯选集》第 1 卷，人民出版社 2012 年版，第 168 页。
② 习近平：《在纪念马克思诞辰 200 周年大会上的讲话》，人民出版社 2018 年版，第 6 页。

作，开展所热爱的党的建设理论与实践的研究。

"一百年来，中国共产党团结带领中国人民，以'为有牺牲多壮志，敢教日月换新天'的大无畏气概，书写了中华民族几千年历史上最恢宏的史诗。这一百年来开辟的伟大道路、创造的伟大事业、取得的伟大成就，必将载入中华民族发展史册、人类文明发展史册！"①2021年是中国共产党成立100周年，也是清华大学建校110周年，这一年我离开赋予我"行胜于言"的作风和"红专并进"的鞭策的清华园，继续从事党的建设理论与实践的相关科研与教学工作，为百年大党的理论创新和干部培训事业贡献自己的一份青春力量。

胸怀千秋伟业，百年恰似风华。仍记得2021年7月1日上午，各界代表7万余人在天安门广场隆重集会，我也在现场一同庆祝中国共产党成立100周年。广场花团锦簇、旌旗飘扬。这样的庆典也为那个夏天的毕业季添上了浓墨重彩的红色印记。建党百年的毕业季，我当时平复自己心中离别与不舍、憧憬与振奋的种种百转千回的情绪，重读马克思《青年在选择职业时的考虑》，内心反而愈加宁静和壮阔。

1835年的夏秋之际，同样处于毕业季的17岁的马克思挥

---

① 《习近平著作选读》第2卷，人民出版社2023年版，第480页。

笔写下了《青年在选择职业时的考虑》。他在其中这样谈道："我们的使命决不是求得一个最足以炫耀的职业，因为它不是那种可能由我们长期从事，但始终不会使我们感到厌倦、始终不会使我们劲头低落、始终不会使我们的热情冷却的职业，相反，我们很快就会觉得，我们的愿望没有得到满足，我们的理想没有实现，我们就将怨天尤人。"[①]马克思就读的特里尔中学的校长维滕巴赫曾这样评价马克思的这篇中学毕业作文，"此文以思想丰富和结构严谨而引人注目"。

诚然，与数年及至数十年后马克思更为系统精准的论著相比，这篇文章可能相对稚嫩，甚至于字里行间也尚未完全去除其所处时代的唯心主义浪潮影响，但这并不能掩盖这篇文章为我们清晰地展示了马克思在走向德国古典哲学前的精神状态，以及他在青年时代即将面对复杂的现实经济与政治的社会矛盾时就已然做好的思想准备。我想，如果说马克思的《关于费尔巴哈的提纲》是"包含着新世界观的天才萌芽的第一个文献"，那么不妨可以称这篇毕业作文为包含着新世界观天才思想最初那粒种子的一篇著作。德国工人运动的著名活动家弗兰茨·梅林在其代表作《马克思传》中就曾提到："还在少年马

---

① 《马克思恩格斯全集》第 1 卷，人民出版社 1995 年版，第 456 页。

克思的头脑中，就已闪现着一种思想的火花，这种思想的全面发挥就是他在成年时期的不朽贡献。"①

毕业季的马克思在此文中表达了自己对于职业选择的深刻洞见，表达了他立志为人类的事业而奋斗，将自身的职业选择与社会、人民、国家紧密联系在一起，将为人类幸福而不懈努力的坚定决心。全文通览共 28 个段落，以"提出问题""分析问题""解决问题"作为逻辑线索，回答了"为什么要选择职业""如何选择职业""选择什么样的职业"的问题。在文章起始处，马克思谈到选择职业时，"我们应当认真考虑：我们对所选择的职业是不是真的怀有热情？发自我们内心的声音是不是同意选择这种职业？我们的热情是不是一种迷误？""如果不对热情的来源本身加以探究，我们又怎么能认清这一切呢？②"他认为我们在选择职业时一定要精准地"识别本心"，不要"误判"。"不仅虚荣心能够引起对某种职业的突然的热情，而且我们也许会用自己的幻想把这种职业美化，把它美化成生活所能提供的至高无上的东西。我们没有仔细分析它，没有衡量它的全部分量，即它加在我们肩上的重大责任；我们只是从

---

① ［德］弗·梅林：《马克思传》，樊集译，生活·读书·新知三联书店 1965 年版，第 10 页。

② 《马克思恩格斯全集》第 1 卷，人民出版社 1995 年版，第 456 页。

远处观察它，而从远处观察是靠不住的。"① 接着，马克思开始
论述影响职业选择的若干因素："伟大的东西是闪光的，闪光
会激发虚荣心，虚荣心容易使人产生热情或者一种我们觉得是
热情的东西；但是，被名利迷住了心窍的人，理性是无法加以
约束的，于是他一头栽进那不可抗拒的欲念召唤他去的地方；
他的职业已经不再是由他自己选择，而是由偶然机会和假象去
决定了。"② 从虚荣心到不真实的热情，从名利到欲念等等。我
们必须冷静理智地将所有可能影响我们对于职业选择判断的因
素都纳入考虑范围，做出最冷静的分析，才能找到最适合自己
的职业。对于职业的热情如果在充分认识到所面临的困难之后
仍能保有"初心"，那么这样的热情值得被珍视。"我们的使命
决不是求得一个最足以炫耀的职业，因为它不是那种可能由我
们长期从事，但始终不会使我们感到厌倦、始终不会使我们劲
头低落、始终不会使我们的热情冷却的职业，相反，我们很
快就会觉得，我们的愿望没有得到满足，我们的理想没有实
现，我们就将怨天尤人。"③ 最后一部分，马克思谈到自己职业
选择的原则及对未来的设想。他指出，职业选择的原则必须是

---

① 《马克思恩格斯全集》第 1 卷，人民出版社 1995 年版，第 456 页。

② 《马克思恩格斯全集》第 1 卷，人民出版社 1995 年版，第 456 页。

③ 《马克思恩格斯全集》第 1 卷，人民出版社 1995 年版，第 456 页。

要求得人类的幸福和我们自身的完美，并使得二者取得平衡。"在选择职业时，我们应该遵循的主要指针是人类的幸福和我们自身的完美。不应认为，这两种利益会彼此敌对、互相冲突，一种利益必定消灭另一种利益；人的本性是这样的：人只有为同时代人的完美、为他们的幸福而工作，自己才能达到完美。""如果一个人只为自己劳动，他也许能够成为著名的学者、伟大的哲人、卓越的诗人，然而他永远不能成为完美的、真正伟大的人物。"① 文章最后，青年马克思为他自身的职业选择作了激情的宣告——要为人类的幸福献身。他指出："如果我们选择了最能为人类而工作的职业，那么，重担就不能把我们压倒，因为这是为大家作出的牺牲；那时我们所享受的就不是可怜的、有限的、自私的乐趣，我们的幸福将属于千百万人，我们的事业将悄然无声地存在下去，但是它会永远发挥作用，而面对我们的骨灰，高尚的人们将洒下热泪。"② 历史证明，他不仅在青年时代这样说，也真的在往后余生中为此这样做，并且奉献了自己的一生来从事这项伟大的事业。

马克思在青年时代就树立起了遵循"人类的幸福"这一根

---

① 《马克思恩格斯全集》第 1 卷，人民出版社 1995 年版，第 459 页。
② 《马克思恩格斯全集》第 1 卷，人民出版社 1995 年版，第 459—460 页。

本指针，树立起了为之终生奋斗的崇高革命理想。在青年时代所建塑起的人生理想的价值基础之上，马克思通过终其一生的不懈追求为人类社会的革命与发展建立了不朽的功勋。为了无产阶级革命的最终胜利，为了全人类至伟的幸福事业，他忍受着穷困、疾病、分离以及驱逐，但他初心不改、矢志不渝，坚持全身心地投入到伟大的革命中去，坚持对所处的时代和世界进行深入考察，坚持对人类社会发展规律进行深刻把握，为人类解放的崇高理想不懈奋斗，最终成就了伟大的人生。他始终站在革命斗争的最前沿，努力试图改变人民受剥削、受压迫的命运，他领导创建了世界上第一个无产阶级政党，领导了世界上第一个国际工人组织，还热情支持了世界上第一次工人阶级夺取政权的革命。他毕生都持续性地忘我工作，经常一天工作16个小时。在给友人的信中他曾经谈到，为了顺利完成《资本论》的写作，"我一直在坟墓的边缘徘徊。因此，我不得不利用我还能工作的每时每刻来完成我的著作"①。我想，马克思之所以有如此伟大的功绩，之所以对人类历史作出这样伟大的贡献，其中一个非常关键的因素就在于他在青年时代就曾对职业的选择有过"严肃地考虑"，就在于他在青年时代就树立起

---

① 《马克思恩格斯文集》第 10 卷，人民出版社 2009 年版，第 253 页。

了为全人类谋幸福的远大理想，并将其奉为"毕生的使命"。

在社会主义的中国，在新时代的中国，我们青年一代又该做出什么样的人生选择？我仍然记得刚入清华大学时，坐在新清华学堂，原创话剧《马兰花开》给我留下的震撼。同时，邓稼先那"碎首红尘，燕然勒功，至今热血犹殷红"的豪情犹在眼前，他们"有方向的一生"让我意识到，只有与时代同心同向的人，与祖国同频共振的人，与人民同呼吸同奋进的人，才能书写无愧于时代、无愧于祖国、无愧于人民的人生篇章。

2021 年 4 月 19 日，在清华大学 110 周年校庆日前夕，习近平总书记来到清华大学考察并发表重要讲话。他强调："广大青年要肩负历史使命，坚定前进信心，立大志、明大德、成大才、担大任，努力成为堪当民族复兴重任的时代新人，让青春在为祖国、为民族、为人民、为人类的不懈奋斗中绽放绚丽之花。"① 生逢盛世，肩负重任。中华民族的伟大复兴离不开一代代青年的接力奋斗。"未来属于青年，希望寄予青年"，青年要努力"成为实现中华民族伟大复兴的先锋力量"。

---

① 《习近平在清华大学考察时强调　坚持中国特色世界一流大学建设目标方向　为服务国家富强民族复兴人民幸福贡献力量》，《人民日报》2021年 4 月 20 日。

回顾百年党史，一代代青年接力奋进，与党同行，从百年前民族危亡之际中国青年"为中华之崛起而读书"的振奋呐喊，到社会主义革命和建设时期"把有限的生命，投入到无限的为人民服务之中去"的火热宣言；从改革开放之初"团结起来，振兴中华"的时代强音，到新时代"请党放心，强国有我"的铮铮誓言，谱写了一部壮美的青春史诗。

"乘风好去，长空万里，直下看山河。"民族复兴征程上一代代的青春之歌，推动历史的车轮滚滚向前。在实现中华民族伟大复兴的新征程上，必然会有艰巨繁重的任务，必然会有艰难险阻甚至惊涛骇浪，更是特别需要广大青年立大志、明大德，成大才、担大任，用笃行坚守信仰、用开拓孕育新机、用奉献担当使命，努力成为堪当民族复兴重任的时代新人，将青春融入不可逆转的中华民族伟大复兴的历史进程。我始终相信，融入浩荡历史的青春必将永不凋谢，投身伟大事业的青春必将永不孤独。

（二）"立大志，入主流，上大舞台，干大事业"

2017 年，中共中央、国务院印发了《关于加强和改进新形势下高校思想政治工作的意见》，明确指出，要"为实现'两个一百年'奋斗目标、实现中华民族伟大复兴的中国梦，培养又红又专、德才兼备、全面发展的中国特色社会主义合格建设者和可靠接班人"，"强化马克思主义理论学科的引领作用，支持有条件的高校在马克思主义理论一级学科下设置党的建设二级学科，实施高校马克思主义理论人才支持培养计划"。2018年，清华大学、北京大学等多所顶尖高校在马克思主义学院开设了党的建设专业（方向），我有幸成为清华大学第一批党的建设方向博士生。

来到清华园，我被学校浓郁的家国情怀和集体氛围所感染，在学校"立大志，入主流，上大舞台，干大事业"的职业发展与就业指导下，我一直在思考究竟如何既能立足专业优势、发挥学术专长，又能实实在在地投身国家重点单位、最大限度地服务公共部门。

读博期间，我的具体研究领域是党的建设理论与实践。在研究不断深入的过程中，我发现完备的党校体系正是中国共产党重要的执政特色和独特优势之一。在我看来，世界上没有哪一个政党像中国共产党这样，从中央到地方到基层建立起覆盖广泛、组织完备的党校体系。注重发挥党校在全党工作中的作用，也被诸多国际上的学者称为中国共产党的"秘密武器"。

"党校不是世外桃源，党校学员来自四面八方，听到的、看到的问题很多，意识形态领域的许多重大问题都会在党校汇聚。"① 习近平总书记曾担任过多年的中央党校校长，在全国党校工作会议上的讲话一针见血。这也成为我下定决心前往中央党校从事教学和科研工作后在校理论学习和研究锻炼上的鞭策。

在我看来，中央党校是公共性与专业性的结合，横跨学术与政治两端，更为重要的是它具有对于国家治理一线的辐射性。所有一线的党员干部，"热运行"中的"冷思考"和"急行军"中的"踱方步"都是在这里完成的，也因而这里汇集了来自国家治理一线的问题与举措、困难和创新。在中央党校从事教学和科研工作，我希望能够用学术讲政治，讲清讲透理论思考中与实践探索中的焦点、堵点、痛点、难点，希望能够最大限度地服务基层公共部门。

在校期间，我继承学校"又红又专"的"双肩挑"传统，积极参与到清华大学思政育人的社会工作中去。我认为，党校教员的工作其实与清华大学传统的辅导员工作在本质上有一定的相通之处，都是在做思想"熔炉工"的工作，都要解决"思

---

① 习近平：《在全国党校工作会议上的讲话》，人民出版社 2016 年版，第9页。

想上的疙瘩"。从积极参与学校博士生讲师团的工作，到负责马克思主义学院研团总支，再到担任学校"林枫计划"（清华大学马克思主义理论研究学生因材施教计划）的辅导员，在不同的社工岗位上，我不断摸索尝试，希望找寻一条能够让思想政治工作"如盐在水"，而不是推向反面的"如鲠在喉"的方法，找寻一条能够更好地让正向、正面、正气的思想入脑、入心、入行的方法。

　　思政育人工作的一个根本职责就是要凝聚青年跟党走。作为马克思主义学院的青年学生，一定要成为坚定的青年马克思主义者。正是本着这样的育人初衷，我结合重大时机节点，精心策划、因势利导组织学院共青团的实践活动。在新中国成立 70 周年的寒暑假，我分别组织了"壮阔波澜七十年，与国同行任在肩"和"青春致敬 70 年，70 名硕博走国疆"的寒暑假期"大调研"活动，覆盖了学院绝大多数同学，让清华大学马克思主义学院的青年学子真正走近基层、脚沾泥土。不仅如此，我还积极主动对接红色革命老区，组织学院青年团员前往江西吉安、湖南湘潭、陕西延安等地开展红色社会实践。在江西吉安实践期间，我与同学们共同完成了中国红色培训博物馆设计项目，同时遍访红色路线教学点、查阅大量党史文献资料，为井冈山干部教育学院优化井冈山特色培训模式、创新设计红色体验教学点以及打造井冈山红色培训对外宣传的品牌效应提出了建设性意见。之所以组织开展"大调研"的活动，正是因为在我看来，马克思主义学院的青年学子们所从事的理论研究一定要"上观天气"，但更要"下接地气"，要"把论文写在祖国的大地上"。

此外，我还在学校、学院的支持下公派前往英国、俄罗斯、澳大利亚、马来西亚等多个国家和地区，去积极地深入了解海外中国共产党研究的话语视角与话语现状，了解海外中国留学生群体和国外青年一代对于中国的认知。从更远处眺望远景的中国，远离祖国的经历，让我的家国情怀和本土自信更加浓烈。"站在世界看中国"，我们这一代青年能够更加坚定而自信地"平视世界"了。

进入党校工作，初出茅庐，而我面对的学员却是久经锤炼。党校的学员大都是党的执政骨干，他们大都有丰富的人生阅历和领导工作经验，不少人还有比较高的理论素养。从高校学子转换成党校教员，面临的"修炼"还有很多。1939年5月20日，毛泽东在延安在职干部教育动员大会上发表讲话指出："我们队伍里边有一种恐慌，不是经济恐慌，也不是政治恐慌，而是本领恐慌。"什么是本领恐慌？他形象地比喻说，"好像一个铺子，本来东西不多，一卖就完，空空如也，再开下去就不成了，再开就一定要进货"。① 我总是用这句话来警醒自己。

在教研部的安排下，我开始担任学校培训部与进修部班次的教学组下班教师，所做的工作要与学员"朝夕相处"，同吃、同住、同学习、同运动、同封闭。对于我这样的党校"新兵"而言，这是难能可贵的机会，一方面我能够以学员的视角去旁听学校主体班次教学计划中的各类课程，学习前辈教员的教学内容、教学方法，另一方面我能够与来自各个地域、各个领域的学员深入交流，去了解学员真正关心的理论问题与实践难题。

与此同时，党校组织部为我们新入职的教职工安排了长周期的"研读工程"。"研读工程"的第一份书目就是九卷本的《毛泽东年谱》。虽然之前也曾涉猎马克思主义经典著作，阅读过毛泽东同志的选集和部分文集，但"年谱"还是第一次。"年谱"的学习远比想象中"辽阔"，仿若在读一本第三人称的日记，让我在宏大的历史叙事之余，也更多地了解"历史的细节"，了解毛泽东同志的"胸中日月"与"人间天地"。我通常是利用晚上的时间阅读，晚上的时间相对整块，也很静谧，适合阅读、写作和思考。

---

① 《毛泽东文集》第 2 卷，人民出版社 1993 年版，第 178 页。

（三）以高标准践履党校的初心

2023 年 3 月 1 日，习近平总书记亲临中央党校，从党和国家事业发展全局的高度，回顾了中央党校 90 年历史成就和光辉业绩，围绕坚守"为党育才、为党献策"的党校初心作了全面、系统、深刻的阐述。年轻人总爱提一个词，叫"仪式感"。我想，我能够在建党百年踏入党的最高理论学府，又恭逢党校建校 90 周年的荣光，这是历史长河中难得的际遇与机缘，是属于我的仪式感。

仪式感更增添了使命感。夜深人静时，从办公室回公寓的路上，每每想到党校如此厚重的辉煌历史，想到党校如此丰盛的光荣传统，想到党校"有信仰、有激情、有学问、有担当"的时代群星闪耀时，我真的是心潮澎湃，倍加振奋、倍受鼓舞，也是倍感鞭策。

习近平总书记在全国党校工作会议上明确强调："党校不是一般学校，党校教育培训对象不是一般学生，这样的'不一般'对党校师资的要求也不一般"[①]。从踏入党校的那天起，我就一直在思考如何才能尽快融入党校事业全局，如何才能把个

[①] 习近平：《在全国党校工作会议上的讲话》，人民出版社 2016 年版，第 23 页。

人成长与党校主业主责紧密联系在一起。我们常说学员到党校学习首先要完成从"领导干部到普通学员""从工作状态到学习状态""从家庭生活到集体生活"的三个转变。我也为自己定下了尽快实现"从高校学生到党校教师""从课堂受众到站上讲台""从纸面学历到现实能力"三个转变的小目标。

　　入校时间虽然不长，但我能真真切切地感受到党校对于新入职青年教师的关注、关心和关爱，也深深受益于党校为我们所搭建的广阔舞台。学校为新入职青年教师量身打造了入职培训，带我们熟悉中共党史文献中心和校史馆，日常持续开展基本文献研读工程，安排见习组织员工作，教学讲题和科研项目申报也向青年倾斜，"大有青年"公众号更是及时传递身边榜样朋辈的风采；我所在的党建教研部内"传帮带"的氛围也是十分浓郁，从集体备课的悉心叮咛到申报课题时的耐心建议，从组团式发文的创新性探索到下班任务的结构化安排，还有党建部青年理论学习小组扎实的理论交流和丰富的实践调研，这些都是在"想青年之所想""急青年之所急"，在帮助我们新入职青年教师快速转变、快速适应、快速成长。

　　现如今的中央党校正处在事业发展的黄金期，我和每一位新入职的青年教师一样，都深感正置身于大时代中的大平台，机遇难得、重任在肩，唯恐辜负。我想我们能做的就是正心诚意、脚踏实地，将成为一名"站得住、立得稳"的党校教员作为青春事业、作为人生志业。

　　进入职场，在党校当老师要牢固树立"课比天大"的敬畏，精益求精，向"名师"学艺。上学期，我在进修一部省部级专题班担任见习组织员，正是这一学期的"角色置换"，让我深刻认识到：中央党校的课堂，虽然教师本人是主角，但他是代表中央党校在讲，代表中央党校某个教研部在讲，体现的是中央党校的形象和水平，诠释的是党中央的大政方针政策。有一位我们教研部长期在主体班授课的资深教授跟我说，时至今日他仍然每一堂课前都会仿若"如临大敌"，对照镜子反复揣摩、反复练习，甚至反复"自我革命"。这是真情流露，从一个侧面说明了党校讲台的千钧分量，我很受震撼。党校教学对象是党的高中级领导干部，是党治国理政的骨干力量。教学内容不是一般的知识传授和技能培训。我们作为党校新入职青年教师要更深刻、更全面地认识党校教学，未来不管给哪个班上课、不管上什么课，都必须本着对党和国家事业发展高度负责的态度敬畏讲台，全力上好每一堂课。身边的同龄人有很多在互联网"大厂"工作，有时大家也会"跨界"交流，他们想要研发一款受欢迎的手机 App，必然离不开"用户思维"，这里的"用户思维"其实正等同于我们在设计课程时的"反向"考虑，设计讲什么、设计怎么讲才能让学员听得进、记得住、用得上，而不是陷入"以其昏昏，使人昭昭"的尴尬境地。最近我在翻读学习 2013 年教务部编排出版的《老讲稿》一书，发现好的课程真的无一不是切中学员要害，解渴又解惑。

　　进入职场，在党校当老师要着力培养"眼睛向下"的意识，补齐短板，坚持问题导向，丰富实践阅历。一同入职的小伙伴们其实也是"成长共同体"，大家经常一起聊天儿。我了解了一下，包括我在内，刚入职的青年教师基本都是从"高校门"到"党校门"，在踏上讲台前的基层工作经历几乎为零，但我们将要面对的学员身后却是广袤的中国大地最一线的实践经历、治理经历、领导经历，"倒挂"现象、"脱节"现象在我们当中相对比较严重。这就要求我们跳出传统理论学习的惯性思维，做到不仅有"学术之思"，更要有"实践之问"，要有问题意识。倘若我们只是窝在办公室里读材料、坐在会议室里看简报，凡事不懂得"多走一步""多问一句""多想一层"，被停留在书斋的知识结构画地为牢，平时学习积累跟教学要求不接轨，不研究听课对象、不接触实际问题，只会"用文件解读文件""用现象说明现象"，那么原本就在经历和阅历上与学员存在的势差就会更加明显，站上讲台难免心慌、腿抖、底气不足。我们恰恰要利用好党校这样一个理论与实践交融的平台，

带着思考与学员交流、带着问题去挂职调研，走出"舒适圈"，
"捧几回烫手的山芋"，"当几次热锅上的蚂蚁"，找到"挂露
珠""沾泥土""冒热气"的真问题，做好"理论联系实际"的
真学问，把论文写在祖国大地上。

　　进入职场，在党校当老师要潜心保持"勤能补拙"的自觉，
刻苦钻研，甘坐冷板凳。在党校课堂上要讲出理论的力量、思
想的力量，就必须加大教学的科研含量。"给学员一杯水，首先
自己要有一桶水"，"浅尝辄止"易，"愚公移山"难。扎实的科研，
不是无本之木，不是天外来客，不是飞来峰，而是要耐得住寂
寞，经得住诱惑，稳得住心神。我们新入职青年教师要加强对
马克思主义经典著作、党的文献和"四史"的学习，同时也要
多读学术名著、中国传统文化典籍，要有学术志趣与文化情怀，
专博相兼，享受读书之乐、治学之乐。同时更要自觉调整科研
兴趣，努力使本人的科研方向跟党校教学目标、教学需求、教
学任务相一致。科研工作坦诚地说是枯燥、乏味、漫长的，取
得成绩、实现价值更不是一蹴而就的。的确，现如今，购物有
快递、吃饭靠快餐、出门坐快车，"快"成为年轻人生活的主基
调。然而党校的青年教师可能得逆而行之，得慢下来，"冷水泡
茶才能慢慢浓"。党校一批有深厚马克思主义理论素养的思想家
和理论家，一批理论功底扎实、勇于开拓创新的学科带头人，

一批年富力强、锐意进取的中青年学术骨干，他们把学术研究作为毕生追求，为我们新入职青年教师树立了典范。

进入职场，在党校当老师要始终历练"道德当身"的修为，担当奉献，增强大局意识、规矩意识。党校既是塑造真理力量的地方，也是塑造人格力量的地方，还是引领党内风气风向的地方。"让有信仰的人讲信仰"，党校教师作为"布道者"、作为"熔炉工"，我们的品德修养、我们的一言一行是学员的"一面镜子"，只有在自身党性锻炼上更加严格，在党性品质上更加纯洁，自觉做到明大德、守公德、严私德，才能影响和带动学员。在日常工作和生活中，更是要自觉把做人与做学问、修德与修才结合起来，少质问他人"为什么"，多叩问自己"凭什么"，常追问集体"缺什么"，正确对待公和私、群和己、义和利，远离"既要、又要、还要"的精致利己主义。我们还要克服浮躁之气，谦虚谨慎，深知"与部长同框、与省长同窗"的机会来自平台而非个人，真正避免"权力幻觉""能力幻觉"的飘飘然，自律自重，净化"朋友圈"，老老实实做人、踏踏实实做事。老一辈党校人那种"心底无私天地宽"的度量，那种"一辈子做好一件事"的专注需要我们传承好发扬好，让人迎面就能感受到党校青年教师应有的清澈与纯粹。

奋斗所到处，青春恰自来。新征程上，告别象牙塔，进入职场，作为党校青年教师当以更高标准践履党校的初心，让奋斗的青春成为这所举党旗、育党才、立党言、献党策、尽党责的红色学府生机勃发、昂扬向上、高歌猛进的持久风景，不辜负青春这场远征，不辜负人生这场壮游。

下 篇

备课与教学

一、新时代思政课改革创新：『大思政课』我们要善用之

二、讲深、讲透、讲活：思政课的本质是讲道理

三、教学有方：如何上好一堂高质量思政课

四、坚持守正创新：在把握变与不变中讲好马克思主义中国化时代化的故事

一、新时代思政课改革创新：
"大思政课"我们要善用之

2021年全国两会期间，习近平总书记强调"大思政课"我们要善用之，一定要跟现实结合起来。2022年，教育部等十部门印发《全面推进"大思政课"建设的工作方案》，为推进"大思政课"建设提供了方向和抓手。"大思政课"之"大"，是对各种思政要素所形成的合力体系的整体描述。着眼大视野、大系统、大教改、大课堂、大平台和大师资等多维思政要素，探索推进新时代"大思政课"建设的路径，既是拓展"大思政课"研究的理论需要，更是汇聚全党全社会关心支持思政课合力、切实提高思政课实效性的实践诉求。

（一）大视野：着眼宽广视野推进"大思政课"守正创新

思政课是内容广泛的宽领域课程，关照历史与现实、融合理论与实践、关联国际与国内。以大视野建设"大思政课"，既要贯通恢宏历史而又放眼广阔未来，也要夯实理论基础而又联系社会实际，更要立足中国实际而又顺应世界趋势，引导学生在历史与现实的衔接、理论与实践的结合、中国与世界的比较中成长成才。

1. 着眼历史视野，彰显历史担当

恩格斯指出，"历史从哪里开始，思想进程也应当从哪里开始，而思想进程的进一步发展不过是历史过程在抽象的、理论上前后一贯的形式上的反映"①。历史、现在和未来一脉相承，尊史崇史才能更好把握现在，以史为鉴才能更好走向未来。社会主义发展史、党史、新中国史、改革开放史以及新时代中国特色社会主义取得的历史性成就、发生的历史性变革彰显着深刻的历史规律，是"大思政课"的深厚滋养。推进"大思政课"建设，要统筹历史逻辑与思政课的有效衔接，引导学生在生动的纵横比较中锤炼政治品格、砥砺初心使命、汲取奋进力量。

---

① 《马克思恩格斯文集》第 2 卷，人民出版社 2009 年版，第 603 页。

2. 着眼理论视野，坚持以理育人

习近平总书记指出，"思政课的本质是讲道理，要注重方式方法，把道理讲深、讲透、讲活"①。通过"大思政课"，要把道理讲深，依托马克思主义经典著作讲清楚马克思主义基本范畴、观点、原理，立足马克思主义中国化的伟大进程讲清楚马克思主义的强大生命力和持续影响力，以彻底的理论魅力感悟学生；要把道理讲透，及时回应学生的思想困惑和现实关切，引导其透过纷繁复杂的现象层层剖析问题的本质；要把道理讲活，创新教学内容、教学话语和教学形式，提升思政课的温度与适度，以鲜活的情理共鸣引导学生。

3. 着眼国内视野，立足当代中国

思政课作为中国特色社会主义教育事业的有机组成部分，肩负着讲述中国故事、彰显中国特色、体现中国气派的重要使命。推进"大思政课"建设，要立足于当前党和国家事业发展全局，宣传贯彻全面建成社会主义现代化国家的战略安排和目

---

① 《习近平在中国人民大学考察时强调　坚持党的领导传承红色基因扎根中国大地　走出一条建设中国特色世界一流大学新路》，《人民日报》2022 年 4 月 26 日。

标任务，引导学生在关注中国前途命运中找准自身的角色定位；要扎根广袤的中国大地，面向火热的社会实践，讲好中国共产党为什么能、马克思主义为什么行、中国特色社会主义为什么好，增强青年学生的志气、底气、骨气。

4. 着眼国际视野，放眼世界大势

当今世界正经历百年未有之大变局，国际格局和国际体系正在发生深刻调整。善用"大思政课"培养青年学生的全球胸襟，引导其在百年变局中乘势而上，是新时代思政课改革创新的使命必然。以大视野建设"大思政课"，既要教育引导学生正确认识中国智慧、中国方案、中国经验的世界意义，在国际比较中彰显中国特色社会主义道路自信、理论自信、制度自信、文化自信的底气；又要教育引导学生从全人类的发展高度客观看待世界格局的变迁，树立合作共享共赢的人类命运共同体意识。

（二）大系统：优化教育系统推进"大思政课"协同育人

自然界所有过程都处于一种系统的联系之中。推进"大思政课"建设，要坚持以马克思主义系统观为指导，统筹推进多

主体协同配合、各学段层层渐进、各部门密切合作的工作格局，汇聚全员全过程全方位育人合力。

1. 协同配合的教育主体系统

学校是思政课的主阵地，具有集中性、系统性、持续性深化"大思政课"建设的优势。要努力构建学校课程与科研、实践、文化、网络、心理、管理、服务、资助、组织协同发力的育人体系，切实提升思政课教学实效性。家庭是思政课的有机补充，要明确家庭在"大思政课"建设中的主体责任，在良好的家庭教育中培养学生的政治素养、理论修养、道德涵养。社会是思政课的有效延伸，是"大思政课"建设的重要空间场域。要充分调动全社会力量和资源，建好用好实践教学基地，组织开展多样化的实践教学，推动思政小课堂同社会大课堂密切结合。

2. 层层渐进的教育阶段系统

习近平总书记强调："在大中小学循序渐进、螺旋上升地开设思政课非常必要，是培养一代又一代社会主义建设者和接班人的重要保障。"[①] 学生的发展是一个由简单到复杂、低级到

---

① 习近平：《思政课是落实立德树人根本任务的关键课程》，人民出版社2020年版，第6页。

高级、感性到理性的过程，对其教育教学不可一蹴而就。推进"大思政课"建设，必须遵循循序渐进、螺旋上升的教育规律，在落实立德树人目标导向下，以大学、中学和小学三个学段为经，以课程目标、课程内容、课程体系和教材体系等为纬，建立大中小学师资培育、听课评课、教研交流、集体备课等常态化工作机制，统筹推进纵向循序递进、横向融会贯通的大中小学思政课一体化建设。

3. 密切合作的教育管理系统

教育管理是指运用计划、组织、指挥和调控等管理手段对教育资源进行有效整合，以实现教育工作目标的实践活动。"大思政课"视域下之教育管理系统，由党政主管部门、学校党政系统各负其责。推进"大思政课"建设，党政主管部门要做好总体谋划，及时总结宣传各地各校推进"大思政课"建设的典型经验，在基地资源、经费投入和队伍建设等方面提供保障；学校党政系统要健全党委统一领导、党政齐抓共管、行政部门各司其职的管理体制，优化过程评价和结果评价相结合、量化评价与质性评价相贯通的考核评价机制，为推动"大思政课"建设提供有力支撑。

（三）大教改：深化教学改革推进"大思政课"创新发展

"'大思政课'不是在思政课以外另外构建一种课程育人体系，它作为思政课的新形态必然具有思政课的属性、意义和要求。"[①] 课堂是课程的基本载体和组织形式，基于"大思政课"的课程属性，"大思政课"建设必须用好课堂教学这一主渠道，推进"大思政课"在改进中加强、在创新中发展。

1. 革新主渠道教学理念

党的十八大以来，随着思政课在党中央治国理政战略全局中的地位日益凸显，"大思政课"建设初具萌芽。但是，仍有一些地方和学校重视程度不够，理念的滞后阻碍着"大思政课"的发展。对此，各地各校要把"大思政课"建设作为思政课改革创新的重要抓手，既要强化问题意识，对标工作方案认真审视自身在资源平台、队伍建设和工作格局等方面的不足；又要突出实践导向，深刻认识善用社会大课堂拓展课堂教学的重要意义，增强调动各种社会资源开门办思政课的自觉。

---

2. 拓展主渠道教学内容

习近平总书记强调:"国内外形势、党和国家工作任务发展变化较快,思政课教学内容要跟上时代,只有不断备课、常讲常新才能取得较好教学效果。"① 常讲常新的要求指明了"大思政课"教学不能仅仅局限于书本教材,更应聚焦党的创新理论,植根广阔的社会实践,推进教学内容的持续更新。习近平新时代中国特色社会主义思想是当代中国马克思主义、21世纪马克思主义,是"大思政课"建设的坚实理论基础,要贯彻落实习近平新时代中国特色社会主义思想有机融入思政课全过程,推进党的创新理论入脑入心。在具体教学过程中,要立足新时代的伟大实践,善于吸收社会现实中的丰富素材,为"大思政课"高质量发展提供广泛的内容支撑。

3. 创新主渠道教学方法

正如列宁所指出的,"在探索的认识中,方法也就是工具,是在主体方面的某个手段,主体方面通过这个手段和客体相联

---

① 习近平:《思政课是落实立德树人根本任务的关键课程》,人民出版社2020年版,第11页。

系"①。教学是主体和客体双向作用的过程,任何教学活动的开展都离不开教学方法的支撑。推进"大思政课"建设,要积极运用现代化信息手段进行学情调研,依据学生的思维习惯、成长规律和现实需求,灵活运用启发式、探究式、体验式等多样化教学方法,创新发展小组研学、情景展示、课题研讨、课堂辩论等多元化教学模式,为学生创造更具互动性、参与性和实践性的学习体验。

(四)大课堂:拓展空间场域推进"大思政课"联动互补

"空间是一切生产和一切人类活动的要素"②,是思政课教学活动赖以开展的基本载体。新时代国内外形势深刻变化,青年学生的学习生活和成长发展空间也随之发生巨大变化。这就决定了思政课空间绝不能是单向度的封闭,而应是立体化的拓展,才能精准贴近时代、全面关照学生。推进"大思政课"建设,要从整体上突破传统课堂的空间限制,推进思政课空间场

---

① 《列宁全集》第 55 卷,人民出版社 2017 年版,第 189 页。
② 《马克思恩格斯文集》第 7 卷,人民出版社 2009 年版,第 875 页。

域的有机拓展。

1. 善用学校大课堂，激活"大思政课"的活力

在学校这一特定的空间场域，除了思政课课堂教学主渠道之外，其他课程和校园文化环境也是讲好"大思政课"的重要空间。一要全面推进课程思政高质量发展。挖掘各类课程的育人资源并加以开发利用，有助于回归课程的内在价值追求，实现知识传授与价值引领的有机统一。推进"大思政课"建设，要打通思政课与其他课程的空间壁垒，拓展课程育人的战略高度、理论深度和实践温度，使各类课程与思政课同向同行。二要依托校园文化营造铸魂育人氛围。各级各类学校要结合地域优势与办学特色，着力打造校园文化原创精品，营造丰富多彩、积极向上、主题鲜明、格调高雅的校园文化环境，使学生在潜移默化中提升认识。

2. 善用社会大课堂，彰显"大思政课"的实践品格

毛泽东指出："学习的书有两种：有字的讲义是书，社会上的一切也是书——'无字天书'"[①]，以生动的比喻指明社会

[①] 《毛泽东年谱（1893—1949）》（修订本）中卷，中央文献出版社 2013 年版，第 58 页。

实践的要义。社会大课堂是思政课汲取资源、开展活动、检验实效的重要空间场域。在社会大课堂中讲好"大思政课"，有利于凝聚强大的育人合力、实现广泛的育人效应。一方面，坚持引进来，把生活中鲜活的素材引入课堂教学中。学校要充分吸纳地方红色文化、校史资源等为教学素材，灵活运用社会实践中的鲜活案例和热点事件，增强思政课的解释力。另一方面，坚持走出去，把波澜壮阔的社会实践当作思政课堂。学校要组织开展多样化的实践教学，在志愿服务、理论宣讲、社会调研等丰富形式中厚植理想信念根基；要积极建设"大思政课"实践教学基地，引导学生在实践中长见识、增才干。

（五）大平台：整合丰富资源推进"大思政课"共建共享

树立统筹协调的大资源观，打造集建设、学习、交流于一体的多元化资源平台，是"大思政课"建设的题中应有之义，既有利于弥补校际、城乡、区域间的教学质量差距，推进各地各校思政课均衡发展，又有利于克服传统视域下课程资源的建设局限，实现资源的精细化供给。

1. 在内容上精准分层分类、深挖优质资源

思政课是教师主导性与学生主体性的统一，涉及教师和学生两类主体。主体不同，所诉求的资源类型亦有差别。面向教师的"教"，要优化教学资源建设和教师研修培训。为此，学校可通过分学段、分课程、分专题地开发建设教学案例库、问题库、素材库、示范课程库，加大优质资源推广使用力度；构建线上线下联动的集体教研系统，开展高质量精准的教师培训。面向学生的"学"，要强化线上学习和成果展示。为此，学校既要充分适应学生学习的个性化需求，遴选优质课程资源，辅助学生的课堂学习；又要鼓励学生围绕教学内容产出多样化的学习成果，推进成果的平台发布和展示交流，增强学生对思政课学习的参与度和获得感。

2. 在形式上创新多元样态、拓展互动交流

信息技术快速发展的背景下，思政课呈现出新的发展态势，传统的、静态的、单向的资源形式已然无法适应新时代思政课建设需求。搭建大资源平台，要为思政课系统的教育内容辅以图片、视频、动漫等生动的资源形式，鼓励师生自主创作微电影、动漫、音乐、短视频等实践成果，增强资源的说服

力、吸引力和感染力；要注重资源平台的交互性建设，强化教学指导、学习咨询、话题讨论、在线答疑等服务，为区域、学校、教师、学生间的交流讨论提供广阔空间，不断改进学校管理与服务工作。

（六）大师资：加强队伍建设推进"大思政课"全员育人

善用"大思政课"，既要加强校内队伍建设，充分挖掘全校各类工作主体的育人功能；又要加强校外队伍建设，利用社会资源实现人员优势互补，推动打造协同配合的全员育人大队伍。

1. 加强校内队伍建设，推进全校教职工协调合作

立德树人的成效是检验学校一切工作的根本标准，将学校范围内从事教学、科研、管理等工作的各类主体纳入"大思政课"育人队伍，是提升学校立德树人成效的重要举措。一是思政课教师队伍。办好思政课，关键在教师。学校要遵循政治强、情怀深、思维新、视野广、自律严、人格正的要求，不断提高思政课教师综合素养；要加大激励工

作力度，激发思政课教师积极性、主动性和创造性；要高度重视思政课教师队伍后备人才培养，持续输送高水平人才。二是其他课程教师队伍。学校要增强各类课程教师对课程思政内涵、原则、方法的认知，提升其挖掘课程中思想政治教育资源的能力。三是党政管理人员队伍。学校党政管理队伍是学校管理育人的主体，要牢固树立"一盘棋"思想，把"大思政课"建设有序融入党政、学工、教务等各个部门的日常工作中。

2. 加强校外队伍建设，引入社会力量协同育人

"大思政课"向社会大课堂延伸的生产实践，必然对应课堂中师生关系模式的重构。在新的关系模式中，教学主体不再局限于思政课教师这一固定成员，而是引入社会力量参与课堂建构。根据教学主题需要，广泛吸纳具有示范引领作用的社会各界代表人物为教学主体，既能破解当前有的学校教师数量不足、质量不高的现实问题，又能弥补思政课教师囿于自身工作领域、社会阅历限制而可能存在的视野狭窄化局限。对此，学校要建立健全思政课特聘教授制度，选聘党政领导干部、社科理论界专家等各界代表人物进入思政课教学队伍，结合其术业专长承担教学任务；要建立健全兼职教师制度，形成先进代

表、志愿者等进校园支援思政课建设的常态化机制，在言传身教中增强学生的共情体验。

（本文原题为《善用"大思政课"推进新时代思政课改革创新》，载于《学校党建与思想教育》2022 年第 24 期，经授权修改后收录。）

二、讲深、讲透、讲活：思政课的本质是讲道理

立德树人是高等教育的根本任务，思政课是落实立德树人根本任务的关键课程。2022 年 4 月 25 日，习近平总书记走进中国人民大学的思政课智慧教室，指出"思政课的本质是讲道理，要注重方式方法，把道理讲深、讲透、讲活"①。这不仅深刻揭示出了思政课的本质特征，而且对讲授方式等方面提出了具体要求，为提高思政课实效性和针对性指明了方向，启示我们要用道理讲好思政课。

（一）思政课的本质是讲道理

思政课以教育的方式向学生传授马克思主义理论，帮助学生树立正确的世界观、人生观、价值观，形成乐观向上的积

---

① 《习近平在中国人民大学考察时强调　坚持党的领导传承红色基因扎根中国大地　走出一条建设中国特色世界一流大学新路》，《人民日报》2022 年 4 月 26 日。

极心态，并将其转化为推动社会进步的实际行动，达到"沟通
心灵、启智润心、激扬斗志"。讲道理深刻地揭示出思政课的
本质特征。

1. 教育教学属性决定思政课要讲道理

思政课教学属于教育教学的范畴，教育教学活动就是一
个讲道理的过程。人是有思想、有理性的，真正的接受是从道
理上说服，正所谓心悦诚服。要想让受教育者真正接受思政课
所讲的道理，就必须把握教育的一般本质，遵循教育规律，通
过知识的传递、深入浅出地讲道理，解决学生的思想困惑，达
到思政课的教育教学目标。古人云："师者，所以传道授业解
惑也。"教师在传道授业解惑的过程中，要通过讲道理的方式，
完成知识的传递、理论思想的介绍、逻辑推导方法论的教化，
引导学生不仅知其然，而且知其所以然，达到真正的接受认
可、批判反思、传承创造。现代社会的教育是在平等、民主、
科学的条件下进行的，主体与客体之间平等的互动关系更加突
出，这也要求教育过程更加注重以理服人。

2. 马克思主义理论是最讲道理的

思政课讲授的是马克思主义理论，承担思政课的教学单

位一般叫作马克思主义学院（学部）。马克思主义是科学的真理，是最讲道理的。正如列宁所说，"凡是人类社会所创造的一切，他都有批判地重新加以探讨，任何一点也没有忽略过去。凡是人类思想所建树的一切，他都放在工人运动中检验过，重新加以探讨，加以批判，从而得出了那些被资产阶级狭隘性所限制或被资产阶级偏见束缚住的人所不能得出的结论"①。马克思很早就认识到资本主义的不平等性，指出资本主义灭亡的必然性。对此，他不是简单地从道义上表达愤怒，而是从理论上对其进行深刻批判。他深刻指出，"批判的武器当然不能代替武器的批判，物质力量只能用物质力量来摧毁；但是理论一经掌握群众，也会变成物质力量。理论只要说服人，就能掌握群众；而理论只要彻底，就能说服人"②。他用严密的逻辑进行理论的深入论证，从政治的批判、宗教的批判、伦理的批判转向经济学的批判，通过"政治经济学所研究的材料的特殊性质，把人们心中最激烈、最卑鄙、最恶劣的感情，把代表私人利益的复仇女神召唤到战场上来反对自由的科学研究"③。他从市场经济条件下最普遍存在的商品开始，对劳动、

---

① 《列宁选集》第 4 卷，人民出版社 2012 年版，第 284—285 页。
② 《马克思恩格斯文集》第 1 卷，人民出版社 2009 年版，第 11 页。
③ 《马克思恩格斯文集》第 5 卷，人民出版社 2009 年版，第 10 页。

资本、工资、剩余价值、经济危机等进行严密的理论论证，透彻地分析了资本家与无产阶级、人与自然、人与社会的矛盾运动，准确地揭示了资本主义社会的发展规律，科学地预判了人类社会的发展方向。革命性与科学性的统一是马克思主义的本质特点，以传授马克思主义理论为主要内容的思政课自然要把握这一本质特征，坚持政治性和学理性相统一，不仅让学生学习马克思的理论思想，而且掌握用讲道理的方法掌握群众，并将其变为物质力量的方法。

3. 教育对象的成长规律要求思政课讲道理

思政课的作用对象是青年学生，他们是社会主义的建设者和接班人，是祖国的未来。"在社会主义社会中，人们的根本利益是一致的，是能够听说理、懂道理、明事理的。"① 青少年阶段是人生的"拔节孕穗期"，在基础理论、政治认识、社会认知、专业学习、人际关系、就业选择等方面，青少年容易陷入各种难以排解的困惑。这就要求思政课通过讲道理的方式积极引导学生，帮助他们掌握正确认识世界的方法，树立正确的世界观、人生观、价值观。特别是在数字信息时代，人工智

---

① 刘建军：《如何理解"思政课的本质是讲道理"》，《中国社会科学报》2022 年 5 月 20 日。

能等技术变革了生产生活方式，也改变着人的思维方式，加之国内外的现实环境不断发生变化，学生面临着关于理想现实的各种困惑。思政课应该通过讲道理的方式为学生释疑解惑，面对思想意识领域的新问题、新态势，及时对主流与非主流的思想舆论、多元化的价值观念作出回应，让学生夯实马克思主义理论基础，坚定马克思主义理想信念，认识到社会主义的优越性，认识到中国共产党的伟大，形成乐观向上的积极心态，从而实现"满足学生成长发展需求和期待"①，培养堪当民族复兴大任的时代新人。

4. 大学思政课的名称意味着要讲道理

习近平总书记指出，"青少年思想政治教育是一个接续的过程，要针对青少年成长的不同阶段，有针对性地开展思想政治教育"②，这深刻地揭示出要根据学生成长规律，结合不同学段学生的认知特点，构建大中小学一体化的思政课课程体系。不同学段的学生接受思政课教育教学的方式应该有所不同：中

---

① 《习近平谈治国理政》第 2 卷，外文出版社 2017 年版，第 378 页。
② 《习近平在中国人民大学考察时强调　坚持党的领导传承红色基因扎根中国大地　走出一条建设中国特色世界一流大学新路》，《人民日报》2022 年 4 月 26 日。

小学阶段更强调知识的传授、直接的灌输，大学阶段则更需要宏大的视野、说理的透彻，这种差异性内在地要求课程设置随着学段的升高而强化理论性，通过加强理论教学坚定学生对马克思主义的信仰。所以，目前思政课在小学及初中阶段叫"道德与法治课"，在高中阶段叫"思想政治课"，在大学阶段则叫"思想政治理论课"。

（二）新时代思政课讲好什么理

讲道理的前提是有道理，道理是规律的反映。在马克思主义理论指导下，中国共产党带领中国人民取得了举世瞩目的成就，使得中国社会走向中华民族伟大复兴的康庄大道，创造了人类社会发展史上的奇迹，创造了人类文明新形态。理论来自实践，人类实践离不开理论的指导，人民群众的社会实践是检验真理的试金石。当前，世界正处于百年未有之大变局，世界发展重心显现出位移态势，资本主义国家在世界格局中虽然仍占据有利地位，但是整体发展态势呈现出"东升西落"①。时

---

① 《中国社会科学院国际形势报告（2022）》指出：新兴市场和发展中经济体同发达经济体保持双速增长态势，意味着新兴市场和发展中经济体在全球经济中的份额还将进一步提升，世界格局因此仍将处于深度调整变化期。

与势在我们一边，这是我们的定力和底气所在，也是我们的决心和信心所在。思政课的责任就是把这些道理讲出来，帮助学生养成科学思维习惯，形成正确的世界观、人生观、价值观，教育广大青年增强政治认同、健全人格品格。具体来说，大学思政课主要讲以下道理。

1. 讲马克思主义的科学之理

马克思主义是科学的理论体系，科学性和真理性是其最基本的品格。马克思主义创造性地揭示了人类社会发展规律，为人类指明了从必然王国向自由王国飞跃的途径，是我们认识世界、掌握规律、追求真理、改造世界的强大思想武器。马克思主义基本原理是以唯物史观、剩余价值理论为基石支撑的科学的社会主义理论，是关于自然、社会发展、人类解放的科学理论。中国共产党的百年奋斗历程展示了马克思主义的强大生命力，"马克思主义的科学性和真理性在中国得到充分检验，马克思主义的人民性和实践性在中国得到充分贯彻，马克思主义的开放性和时代性在中国得到充分彰显"[1]。"马克思主义基本原理"这门课就是讲好这个理。

---

[1]　《中共中央关于党的百年奋斗重大成就和历史经验的决议》，人民出版社2021年版，第63页。

2. 讲中国共产党的成功之理

中国特色社会主义最本质的特征是中国共产党领导。一百年来，在中国共产党的领导下，我们创造了新民主主义革命、社会主义革命和建设、改革开放和社会主义现代化建设、新时代中国特色社会主义的伟大成就。中国已成长为世界第二大经济体、第一制造业大国和最大的货物贸易国，从根本上改变了中国人民的前途命运。这些成就是中国共产党领导中国人民用自己的勤劳、智慧和创新精神实实在在干出来的，是中国共产党人通过坚持党的性质宗旨、坚持理想信念、坚守初心使命、勇于自我革命、保持党的先进性和纯洁性、不断提高党的执政能力和领导水平干出来的。"中国近现代史纲要"这门课就是讲好这个理。

3. 讲中国特色社会主义的发展之理

社会主义从理论到实践、从空想到科学、从尝试到制度、从一国到多国，探索中国特色社会主义道路，使得中国从一穷二白发展成为世界第二大经济体，人均国内生产总值超过 1.2 万美元，同时彻底消灭了绝对贫困、完成了全面建成小康社会的奋斗目标。中国特色社会主义进入新时代，久经磨难的中华民族迎来了从站起来、富起来到强起来的伟大飞跃，全面建成小康社会，开启了全面建设社会主义现代化强国的新征程，给那些既想独立又想发展的发展中国家开辟了走向现代化的新示范，中国式现代化道路开辟了人类文明的新形态。实践成功的背后是理论，是中国共产党始终坚持把马克思主义同中国革命、建设和改革的伟大实践紧密结合，同中华优秀传统文化相结合，不断推动马克思主义中国化时代化，创立的毛泽东思想、邓小平理论，形成的"三个代表"重要思想、科学发展观，创立的习近平新时代中国特色社会主义思想。"毛泽东思想和中国特色社会主义理论体系概论"和"习近平新时代中国特色社会主义思想概论"这两门课就是讲好这个理。

4. 讲新时代青年学生的成长之理

新时代中国青年正处在最为接近中华民族伟大复兴目标的好时期，既面临着建功立业的人生出彩机遇，也肩负着实现中华民族伟大复兴的时代使命。思政课要通过联系实践环境，使学生在学习马克思主义理论的过程中，着眼更高的人生目标，将个人理想与民族理想、国家理想统一起来，把对马克思主义的科学认知与坚定信仰转化为个人情感认同与日常行为习惯，激发学生的学习兴趣和参与度，培养和启发学生的问题意识，提升学生的创新思维和实践能力，促进学生知、情、意的统一，引导学生提高思想品德和法治素养，培养堪当民族复兴大任的时代新人。"思想道德与法治"这门课就是讲好这个理。

（三）目前思政课理讲不好的困境所在

理论只有彻底，才能掌握群众；思政课只有把道理讲好，才能真正影响学生。党的十八大以来，思政课的说理性受到高度重视，思政课的实效性明显提高，但实事求是地讲，目前高校思政课讲道理的质量还不高、理论性不足，存在有理说不出、说了传不开的问题，没有真正让学生入耳入脑入心。究其原因是复杂的，我们认为主要有以下几方面的制约。

1. 理论提炼不够和传统教育方式的影响

"讲好思政课不容易，因为这个课要求高。"① 马克思主义深刻改变了世界，也深刻改变了中国。中国共产党带领中国人民开创了中国特色社会主义道路，取得了发展当今世界社会主义的伟大成就，不断推进马克思主义中国化时代化，消除了绝

---

① 习近平：《思政课是落实立德树人根本任务的关键课程》，人民出版社2020年版，第10页。

对贫困，踏上了全面建设社会主义现代化国家的新征程，中国式现代化开创了人类文明新形态。但是，在社会科学研究中仍然存在着马克思主义理论的学理化阐释较弱，政治性与学术性话语不同步，经验、政策即为理论，将中国特色社会主义制度优势、发展优势、文化优势转化为理论和话语优势并提炼出具有中国特色、世界影响的标识性学术概念不多等问题。中国的社会科学之于西方社会科学在一定程度上还处于学徒的状态与模仿的过程之中，而没有形成更多主体性、原创性、本土化和竞争力的中国自主理论。正如习近平总书记指出的，"中国在世界上的形象很大程度上仍是'他塑'而非'自塑'，我们在国际上有时还处于有理说不出、说了传不开的境地。"① 中华民族有着重教的优良传统，正是优秀的教育使得中华文明赓续绵延，正确的思想教育保持着中华民族的浩然正气。同时，中国思想教育传统在方式上重道，即指出了正确的道，而缺乏"抽丝剥茧"论证的"说理过程"。古人说，"半部《论语》治天下"，而《论语》一共 11705 个字，其中强调的基本都是"道"，如"己所不欲，勿施于人""择其善者而从之"等。受此影响，长期以来，思想政治教育工作者往往认为告诉学生

---

① 《习近平关于社会主义文化建设论述摘编》，中央文献出版社 2017 年版，第 212 页。

正确的"道"就可以了，而对于其中蕴含的理由与各种原因却强调得不够，没有彻底地说服被教育者。其实，讲道理应该是道和理的统一，"道"的正确为"理"树立了自信基础，只有从"理"上把"道"讲清楚了，才能让人们更加理解"道"、认同"道"、坚定"道"。

2. 教师理论水平和教学能力的局限

办好思政课关键在教师。教育是育人过程，是说服人的过程。德国哲学家雅斯贝尔斯说："教育的本质意味着，一棵树摇动另一棵树，一朵云推动另一朵云，一个灵魂唤醒另一个灵魂。"打铁还需自身硬，教育学上经常讲，要给人一瓢水，自己必须拥有一桶水。教师有知识才能讲知识，有思想才能讲思想，有理论才能讲理论。做一名合格的高校教师，要博览群书，苦学、深思，拥有丰富的知识积累，具备广阔的学术视野。对于思政课教师而言，更应该在此基础上做到政治要强、情怀要深、思维要新、视野要广、自律要严、人格要正。没有厚重的理论基础，很难讲出生动的课程，很难实现影响人、打动人、教育人。近年来，党和国家采取了多种措施培养思政课教师，思政课教师整体素质有了大幅度提升。当前，从整体上看，思政课教师素质良莠不齐，"教师选配和培养工作还存在短板，队伍结构还要优化，整体素质还要提升"①。有的教师对于思政课的功能定位认识模糊；有的教师对于马克思主义理论基础知识掌握不扎实，理论功底不深；有的教师对于社会现实不了解，对于教育对象不研究，只是机械地复述教科书中的内容，无法深入浅出地讲清楚道理；"有的教师怵于思政课的意识形态属性，担心祸从口出，总是绕开问题讲、避开难点讲"②；有的教师面对现实中存在的学科融合问题，由于学术视野不够广阔，无法对问题有更深刻更全面的解释，难以满足学生成长发展的需要，甚至偶有出现宣扬自由主义、个人主义思想的问题，直接影响学生正确世界观、人生观、价值观的形成。

3. 教学手段与教学方式缺乏的制约

教育是一项"仁而爱人"的事业，倾注爱与责任才能向学生传授"道"、讲通"理"。思政课的课程内容十分丰富，涉及基础知识、基本理论、政策方针等等。其课程目标不是简单的

———————————

① 习近平：《思政课是落实立德树人根本任务的关键课程》，人民出版社2020年版，第7页。

② 习近平：《思政课是落实立德树人根本任务的关键课程》，人民出版社2020年版，第16页。

知识传递，而是寓价值导向于其中，从灵魂深处影响学生。讲好思政课不容易，不仅需要理论功底深厚，而且需要高超的讲授艺术，要坚持政治性和学理性相统一、价值性和知识性相统一、建设性和批判性相统一、理论性和实践性相统一、统一性和多样性相统一、主导性和主体性相统一、灌输性和启发性相统一、显性教育和隐性教育相统一。然而，目前思政课尚存在教育教学方式单一的问题，有的课堂将思政课等同于一般性知识的传授，忽视了思政课内含的情感价值；有的课堂对于社会现实了解体验不够，不敢正面回答学生的现实问题和成长困惑；有的课堂理论讲授不深入，不能用通俗易懂的语言表达出深刻的道理；有的课堂没有研究学生的接受规律，千篇一律，教师带着教学倦怠机械性地念课本内容；有的课堂仅仅停留在对概念、内容、事实的描述上，没有鲜活的案例，自然难以引起学生的情感共鸣。这些针对性生动性不足、有理说不出、有理说不清的问题拉低了思政课的育人实效。

（四）提升思政课讲道理水平的具体路径

思政课的本质是讲道理，要以透彻的学理分析回应学生，以彻底的思想理论说服学生，用真理的强大力量感召学生。要实现这一目标，必须把道理讲深、讲透、讲活。为此，至少要从以下几方面努力。

1. 用坚定的理想信念把道理讲正确

思政课是落实立德树人根本任务的关键课程，价值导向是其最根本的功能。思政课具有鲜明的意识形态属性，讲道理首先要讲正道，要坚持正确的政治导向，坚定马克思主义政治立场，就是要用马克思主义理论武装学生，用习近平新时代中国特色社会主义思想铸魂育人。思政课要坚持马克思主义科学性和革命性相统一的原则，要用学术讲政治，坚持科学性与政治性的统一，寓价值引导于知识传授之中，通过不断增强思政课的思想性、理论性、针对性、亲和力，讲好马克思主义理论，向学生传递好做时代新人的道理，真正唤起青年一代的主体责任感，引导学生树立远大理想，成为可靠的社会主义建设者和接班人。

2. 用扎实的理论功底把道理讲深刻

思政课要坚持政治性和学理性相统一，政治性体现的是思政课的"合目的性"，学理性体现的是思政课的"合规律性"。要通过深厚的学理体现价值塑造、政治导向，从学理上论证政治导向的正确性。以理服人是思政课遵循的基本原则，教师要遵循教育规律、思想政治工作规律、学生成长规律，不断深化对于规律的充分认识和把握，将各种理论内化为深厚的学术造诣，挖掘好党的各项方针政策背后的理论逻辑，将知识点挖深并做好知识点之间的横向联合，既在课堂教学中呈现稳定的理论内容，又深入浅出地讲出理论的层次感。要充分挖掘和运用各学科蕴含的思想政治教育资源，实现多学科方法在思政课中的深层次融合，激发学生的兴趣和热情，增强吸引力、感染力，在丰富学生的认知中提升其政治敏感度，通过理论教学让学生感悟马克思主义的真理力量。

3. 用严密的逻辑推导把道理讲透彻

数字时代正在改变我们的生产方式，人工智能改变着我们的思维方式，外部环境发生了巨大变化，学生面临着理想现实的各种困惑，思政课本身就应该为学生释疑解惑。思政课要用严密的逻辑推导把问题讲透彻，把深刻的道理讲清楚。习近平总书记强调，推动思想政治理论课改革创新，要"不断增强思政课的思想性、理论性和亲和力、针对性"[①]，并要求以

[①]　习近平：《思政课是落实立德树人根本任务的关键课程》，人民出版社2020年版，第17页。

透彻的学理分析回应学生，以彻底的思想理论说服学生，用真理的强大力量感召学生，寓价值引导于知识传授之中，通过对学理的透彻理解强化政治认同、坚定立场、捍卫信仰。要用比较视野、国际视野、历史纵深的逻辑推导，坚持问题导向，让学生在中华民族的伟大实践经验中感悟真理的力量。要善用案例、大数据等数字化手段，实事求是地向学生展示中国共产党的光辉历程和中国特色社会主义所取得的伟大发展成就，讲好中国共产党的故事，增强马克思主义理论学科的影响力和话语权，让青年学生受到教育、得到启迪。

4. 用生动的表达把道理讲活泼

思政课教师要尊重教育规律，根据学生的认知规律，灵活调整教育方法，根据青年特点有针对性地对学生的认知规律和接受特点进行研究。要研究讲道理的方式方法，学会用多种方式讲理，增强讲道理的针对性和实效性，做到"因事而化、因时而进、因势而新"，增强思想政治教育理论之"基"，并用生活感知知识，实现理论话语向现实话语的转换，提高思想政治教育话语的感召力，使思政课堂更具亲和力、更接地气。要强化问题意识，以问题为导向，回答学生最关心、最需要回答的理论与实践问题，找准学生思想的共鸣点，用鲜活的语言和事例，为学生释疑解惑。要积极改进教学方法，善于运用讲故事的方法，选择具体的、鲜活的材料辅助讲道理，善于观察、寻找、发现材料，并通过人工智能、大数据等数字化手段将抽象的理论变生动，用通俗的语言把理论内容讲出来。要加强与学生之间的沟通，打造从容、自然的课堂氛围，把温暖和情感倾注到每一个学生身上，做好有温度的思想政治教育。

（本文原题为《用理讲好思政课》，载于《学校党建与思想教育》2023年第5期，经授权修改后收录。）

三、教学有方：如何上好一堂高质量思政课

　　自 2021 年我获得第二届全国高校思想政治理论课教学展示暨优秀课程观摩活动"中国近现代史纲要"课教学展示特等奖以来，受邀面向全国多地的同行做经验分享、教学示范近30 场，指导多名选手参加国家级、地区级、省市级思政课比赛获一二三等奖。特等奖殊荣确实给我的职业发展带来了许多荣誉感和发展机遇，但相比于获奖、分享竞赛经验，我更看重日常教学中学生对我的评价。因为，思政课和思政课教师的使命归根结底都是"培养更多让党放心、爱国奉献、担当民族复兴重任的时代新人"，"确保党的事业和社会主义现代化强国建设后继有人"。① 所以，学生在思政课堂上的存在感和获得感，始终是我的追求。

　　入职哈尔滨工业大学以来，"纲要"课的所有评教成绩均为

---

① 《习近平对学校思政课建设作出重要指示强调　不断开创新时代思政教育新局面　努力培养更多让党放心爱国奉献担当民族复兴重任的时代新人》，《人民日报》2024 年 5 月 12 日。

A+，也都是同类型课程评教成绩的最高分，最新一轮课程的评教成绩在全校的排名是 1.45%。教学效果得到了学生如下评价：

"老师，为人解惑，您做到了；授人以书，您做到了；教化启智，您做到了。我想您与真正的'师'别无二致。""这是我听过的最好的思政课了。你教会我的不仅是知识，更是坚持与踏实，不断进步的勇气。""很开心能够连续两个学期上老师的课，在这两个学期的学习中我也有了许多收获。通过这两个学期的学习学到的研究方法和看待问题的方式、角度一定会使我终身受益。这两个学期我也感觉到了老师的认真与真诚，很荣幸能够成为老师的学生。""我以后也想成为一个像老师这样有情怀有理想有担当负责任的人。""真的觉得老师讲得好好，有时候听老师讲近代史会胸中热血流淌、眼中热泪涌动，期待以后还能见到老师！""您用行动告诉我们思想教育的意义，这堂课会是我们美好的回忆。""老师上课时很有激情，内容充满学术气息，让我感受到了文科的魅力。同时老师还时常用哲学的思想带我们解读生活中的现象，让我更多地了解了这个世界，更加乐观地面对生活。课堂上，氛围风趣幽默，老师既讲授专业学识，又不失青年人的激情与兼收并蓄，这才是真正的好老师吧！先生之风，山高水长！""老师的课是我上大学以来听过的最生动的课程，每一节课都好像电视上的纪录片，不一会不知不觉就下课了，回味以后感到这节课收获了许多知识。""一、观点实例翔实，没有废话，问题观点和证明观点的论据一个接着一个，内容准备充实。二、思路贯通，没有流水账的历史事件年表，而是有思路体系地疏通事物内部的联系，贯通中国近现代的主题主线。三、有情怀有责任。对于一些问题，如'告别革命论''马克思主义过时论'和'中共不是抗日战争的中流砥柱'等错误观点的批驳与剖析是相当有必要的。因为，关于这网上种种观点，我知道不对，但就是说不出理由，有贯通的分析，非常有助于我思路的理清与疏通。四、不失幽默和轻松，课堂氛围把控得好。我最喜欢的一课是为什么选择马克思主义的一课，集中体现了前面的优点。"

很幸运，我的学生没有让我成为"孤勇者"，也没让我的课堂成为一场"独角戏"，而是一场"双向奔赴"。这种"双向奔赴"和教学经验分享的各种邀约，都要求我不断反思自己的教学，以期总结经验，指导实践。

（一）在"守正"中着力"创新"

统编教材是思政课教学要守的"正"，"思政课教师在教学中要把统编教材作为依据，确保教学的规范性、科学性、权威性，同时也不能简单照本宣科"①，而是要"深入研究教材内容，吃准吃透教材基本精神，全面把握教材重点、难点，认真做好教材转化工作"，在"守正"中"创新"，实现教材体系向教学体系转化。②

通过对教材内容及编写逻辑的分析与研究，确定教学目标，是实现"教材体系"向"教学体系"转化的前提。在确定教学目标时，对教材内容进行追问，是把握教材的有效方法：（1）教学内容的核心是什么？（2）这些内容要说明和强调什么？（3）学生为什么要学习这些内容？以《中国近现代史纲要》"导言"的首段为例：

中国近现代史，是指 1840 年以来的中国历史。其中，从 1840 年鸦片战争爆发到 1949 年中华人民共和国成立前

① 习近平：《思政课是落实立德树人根本任务的关键课程》，人民出版社 2020 年版，第 21 页。

② 参见《新时代高等学校思想政治理论课教师队伍建设规定》。

夕的历史，是中国近代史；1949 年中华人民共和国成立以来的历史，是中国现代史。①

（1）教学内容的核心是中国近现代史的分期结构。（2）这些内容可以传递如下信息：其一，中华人民共和国的成立具有划时代的意义；其二，当代大学生既是中国现代历史的学习者、见证者，也是书写者。②（3）综上，在教学时，则需要引导学生"肩负起将要担负的责任"③和历史使命。

习近平总书记有关思政课一系列重要讲话，也是思政课教学要守的"正"。习近平总书记强调："思政课建设要向改革创新要活力"④，推动思政课改革创新，要做到"八个相统一"。"八个相统一"是对思政课教育教学规律、教书育人规律和学生成长规律等一系列规律的科学概括。在参加第二届全国高校思想政治理论课教学展示暨优秀课程观摩活动时，为了优化教

① 本书编写组：《中国近现代史纲要》，高等教育出版社 2023 年版，第 1 页。
② 李键：《高校思想政治理论课教学研究——以"中国近现代史纲要"课为核心考察》，黑龙江人民出版社 2023 年版，第 116—117 页。
③ 本书编写组：《中国近现代史纲要》，高等教育出版社 2023 年版，第 11 页。
④ 习近平：《思政课是落实立德树人根本任务的关键课程》，人民出版社 2020 年版，第 17 页。

学效果，我在对"中国革命新道路的探索和开辟"这一专题进行教学设计时，即是以"八个相统一"为根本遵循进行教学内容编排和教学逻辑的梳理。①

坚持政治性和学理性相统一。在教学原则上，致力于用学理性强化内容的政治性。基于思政课定位，分析农村包围城市、武装夺取政权革命道路的必然性，以逻辑推演论证历史和人民选择马克思主义和中国共产党的必然性。

坚持价值性和知识性相统一。在教学方向上，致力于以知识产出支撑价值塑造。在讲授基本史实的基础上，突出强调中国共产党人不畏牺牲的大无畏的革命精神，引导学生建立对党的价值认同和情感认同，并自觉树立报国之志。

坚持建设性和批判性相统一。在教学内容上，致力于完成传导主流意识形态和解构各种错误思潮的双重使命。通过对基本史实的分析，引导学生运用辩证唯物主义的分析方法，对有关中国革命道路问题的错误认识进行批判，指出农村包围城市、武装夺取政权革命道路的必然性。

坚持理论性和实践性相统一。在教学过程中，致力于使学生由接受者变成探究者。通过对预设问题的理论分析和

---

① 李键：《"中国革命新道路的探索和开辟"教案》，《马克思主义理论教学与研究》2022 年第 2 期。

课后实践作业的布置，引导学生理论联系实践，做到知行合一。

坚持统一性和多样性相统一。在教学管理上，既要遵循具有权威性和规定性的教材和专题教学指南，又要因地制宜、因时制宜、因材施教。教学内容遵循教材和专题教学指南，结合具体需要并立足学情，使用"回溯提升式教学法"合理剪裁教学内容。

坚持主导性和主体性相统一。在教学角色的设定上，致力于发挥教师的主导作用和学生的主体作用。在整个教学过程中，教师为"主持人"的角色，在把握整体逻辑、观点和方向的前提下，以提问和讨论的方式，增强课堂互动，引导学生积极参与，增强其课堂存在感。

坚持灌输性和启发性相统一。在教学目标上，致力于由"鱼"到"渔"的过渡。以问题引领式教学法，引导学生深入思考，在逻辑框架中进行提问和讨论，帮助学生得出使人信服的答案，以达到传道授业解惑的目的。

坚持显性教育和隐性教育相统一。在教学理念上，发挥不同教学方式的互补优势。在课前引导学生观看相关电影，在课中以配乐诗朗诵的形式强化教学效果，在课后的拓展阅读中，引导学生思考，实现教学目的显性彰显和隐性表达。

（二）在"继承"中追求"发展"

对于"青椒"而言，好的团队是教学技艺提高的重要平台，我所在的哈尔滨工业大学中国近现代史教学团队，所有成员均获得过国家级、省级高校思政课比赛一等奖。因此，在黑龙江省有"纲要梦之队"的美誉。在团队负责人徐奉臻教授的带领下，团队始终注重开启学生内在潜力和学习动力，使教学内容具有"五度"，即历史的深度、知识的宽度、逻辑的力度、哲学的高度和情感的温度，力求将道理讲深讲透讲活。①

在继承中发展，为了使教学内容体现这"五度"，并以亮点设计、史料运用、逻辑推导、动态增容、群集方法，强化教学的思想性和感染力、客观性和吸引力、理论性和说服力、时代性和渗透力、针对性和接受力。在教学实践中，我也不断探索新的教学设计路径和教学方法。

第一，教材体系向教学体系转化的 6 种方式。

知识扩充式。这种方式主要应用于"结论性知识"，运用的方法是围绕教材中的某一结论或观点进行知识的扩充，以呈现该结论或观点所在的知识图谱，达到让学生"知其然，亦

---

① 徐奉臻：《"中国近现代史纲要"教学中的"回溯提升教学模式"研究》，中国社会科学出版社 2017 年版，第 9 页。

知其所以然"的目的。如此，学生的知识结构不仅可以得到进一步完善，还能引导其在知识图谱和知识框架中，建构理性认知。例如，《中国近现代史纲要》（2023 年版）第一章第一节的第一子目中从经济、政治、文化和社会等 4 个维度勾勒了在中国延续了 2000 多年的封建社会基本面貌。在教材体系向教学体系转化的过程中，需要回答学生关切的一个问题，即"中国的封建社会何以长期存在？"答疑解惑的逻辑就是建立教材基本观点和问题之间的内在逻辑关联，即小农经济稳定性和保守性、官僚政治从政治结构上对大一统帝国存在的保证、城镇和农村的社会组织对封建秩序的捍卫，以及儒家思想为维护其封建社会精神支柱地位呈现出的发展和完善，何以促使封建社会长期存在。

原典导读式。这种方式主要应用于"史实性知识"，运用的方法是通过阅读教材提供的基本史实，确定教学目标，而后围绕教学目标进行理论提升，以增强教学内容的权威性、说理性、可信性。这种方式探索的灵感源于学生的一次偶然课间提问。2021 年春季学期，一个男生来讲台前问了我一个问题，他说："老师，您如何看待'帝国主义一声炮响给中国送来了现代化'，我觉得这种观点是不对的，但是我不知道该如何解释"。解决他的思想困惑，关键就在于有理有据地驳斥"鸦片战争一声炮响，给中国带来了近代文明""殖民主义在世界范围推动了现代化进程"以及"没有西方的殖民侵略，东方将永远沉沦"等历史虚无主义论断。这个问题的本质上就是要回答教材"学习思考"中提出的"资本—帝国主义的入侵给中国带来了什么"这一问题。这就是教材体系向教学体系转化的结合点。马克思的著名论断——殖民主义充当了历史不自觉的工具，可以有力驳斥上述错误观点，而且教材中有关"西方列强对中国的侵略"的陈述提供了解释这一论断的"中国论据"。因此，在教材体系向教学体系转化的过程中就可以采取如下步骤：一是结合《不列颠在印度的统治》和《不列颠在印度统治的未来结果》两篇经典文献，从揭示行为主体的行为目的和行为效果之间的对立、对行为主体实际行为进行正义与非正义的价值判断、生产力的发展和生产关系之间的矛盾3个角度对该论断进行学理分析；二是基于教材的对于西方列强对中国的军事侵略、政治控制、经济掠夺和文化渗透来分析殖民主义给中国带来的伤害；三是紧扣"纲要"课教学主旨升华主题，引导学生理解"民族危机"和"民族觉醒"之间的逆向强化关系，以论证中华民族反抗外来侵略的必然性和正义性。

逻辑建构式。这种方式主要应用于"叙述性知识"，运用的方法是以逻辑化推理引导学生建构理性认知，按照一种历史发展的逻辑，即"背景—过程—结果—反思"（原因、意义、经验、教训）整合教学内容。如"维新运动的兴起和夭折"一节的两个子目"戊戌维新运动的开展"和"戊戌维新运动的意义和教训"体现了"历史和本体"的统一，分别说明了维新运动的"背景—过程—结果"和"意义—败因—教训"。又如第一子目"戊戌维新运动的开展"中说明了维新派的活动、守旧派之间的论战以及维新运动的基本内容，在向教学体系转化的过程中，则需要关注学生对于历史发展逻辑的理解。这就是说，在逻辑建构时需要解释这三部分内容的逻辑，即由于守旧派的抗制，必须采取相应的措施，才能达到宣传变法主张的目的；而守旧派所抗制的内容，恰恰是维新所诉求的内容。

专题整合式。这种方式主要应用于具有宏观性的"专题性知识"，如"中国近现代史纲要"课"纲"中之"要"的四大历史选择，运用的方法是以辩证思维方法分析和综合，把认识对象分解为各个部分、方面、要素，通过分析研究，从中找出构成这一认识对象的基础的部分、本质的方面，而后把对象的各个本质的方面，按其内在联系有机地结合成一个统一的整体。如"新文化运动和五四运动"一节中的三个子目分别说明了近代中国思想启蒙运动的发展为选择马克思主义提供了深厚的思想基础，十月革命的胜利为先进知识分子选择马克思主义提供了重要的历史契机，五四时期工人阶级的成长壮大为先进知识分子选择马克思主义提供了坚实的阶级载体。①

　　命题解读式。这种方式主要应用于相对中观或微观层面的"命题性知识"，运用的方法是以"历史脉络"和"实践证明"理解"理论命题"，帮助学生建构抽象理论的理性认同。如"马克思主义广泛传播与中国共产党诞生"一节中的第二子目"马克思主义与中国工人运动的结合"揭示了中国共产党是马克思列宁主义同中国工人运动相结合的产物，而本节的第一子目"中国早期马克思主义思想运动"和第三子目"中国共产党第一次全国代表大会的召开与中国共产党的成立"又与第二子目分别构成"前因"与"后果"的关系。因此，在教材体系向教学体系转化时，可以对"中国共产党是马克思列宁主义同中国工人运动相结合的产物"的命题进行教学设计。

　　案例分析式。这种方式主要应用于"抽象性知识"，运用的方法是以"具体"解构"抽象"，以"案例"引导学生自主学习，得出令人信服的结论，解决理论困惑。如"开拓中国特色社会主义更为广阔的发展前景"一节中的第一子目"中国特色社会主义进入新时代"，需要引导学生理解中国特色社会主义进入

---

① 教育部高等学校思想政治理论课教学指导委员会：《"中国近现代史纲要"专题教学指南》，2018 年，第 18 页。

新时代的判断依据。依此目标，可选取相关案例予以说明：党的十八大以来取得的历史性成就、发生的历史性变革是中国特色社会主义进入新时代的现实依据；社会主要矛盾的变化是中国特色社会主义进入新时代的根本依据；国际形势的变化，为中国特色社会主义的发展提供了难得机会，这是中国特色社会主义进入新时代的国际背景。需要说明的是，我在教学实践中发现，增强案例分析运用效果的关键在于将学生定位为"分析主体"，教师在运用案例分析法的时候，应预设具有内在逻辑关联的问题，引发学生思考，帮助学生建构对某一问题认识的框架，而不是将"案例分析法"异化为"案例举例法"一带而过。这也是教师主导、学生主体理念的题中之义。

第二，作为一种教学尝试的"F-M-A 教学法"。

"哲学家们只是用不同的方式解释世界，问题在于改变世界"①，马克思的这个著名论断对我产生了很大的影响。无论是在过去近 10 年的思政课教学中，还是百余场理论宣讲中，我总是在思考怎样才能跨越从理论到理论的藩篱。

思政课肩负着培养社会主义建设者和接班人的重任，思政课教学不应该只是干巴巴地讲理论，而是使理论被标示出

---

① 《马克思恩格斯选集》第 1 卷，人民出版社 2012 年版，第 136 页。

来，通过理论的讲解使学生知道应当建立怎样的思维方式，并了解如何行动。于是，就有了我在教学实践中一种方法的尝试，我把它称为"F-M-A 教学法"。

所谓"F-M-A 教学法"，是指以知识和现实为基础进行价值引领，并达到引导学生在社会生活中实践这一目标的教学方法。其中 F（Fact）一方面指具有符合实然性和应然性的知识，另一方面指社会生活中相互联系的实际存在的事物的综合，即现实；M（Meaning）是指隐藏在知识或事实背后的价值内涵；A（Application）是指在价值引领之下，在社会生活的具体实践中对知识的运用。

"F-M-A 教学法"中"F"对应课程定位的知识性目标，"M"对应价值性目标，"A"则对应行为目标，涵盖了课程目标的基本内容。这种教学方法旨在反映从知性到感情，从感情再到意志（实践意愿）的教学过程，在教学实践过程中为教师和学生之间"共识"环节的构建（从"F"到"M"）提供了可能性的支撑，并且为"共识"前提下的"共为"提供了明确的实践指向（"A"）。①

实现"共识"向"共为"的过渡，是思政课教学需要关注

---

① 李键：《实现价值性和知识性相统一——FMA 思政课教学法的尝试》，《教育教学论坛》2021 年第 7 期。

的一个重点和难点问题。实现这个过渡的关键就在于理论要掌握学生，才会变成物质力量，理论彻底才能说服学生。因为"理论一经掌握群众，也会变成物质力量。理论只要说服人，就能掌握群众；而理论只要彻底，就能说服人。所谓彻底，就是抓住事物的根本"①。这就是说：理论的终极目的不是掌握群众，而是使群众掌握后通过实践的方式，使理论转化成物质力量；掌握群众的过程就是说服人的过程，说服人的前提是理论彻底。如果将这样的认识运用在思政课教学的论域中，便可以得出这样的结论，即使思政课的教学内容彻底化，是培养社会主义建设者和接班人的必然要求。

何谓"彻底化"？从语义学的角度来讲，"彻底"意为"通透到底。形容深透、完全而无所遗留"。教师作为教学的主导者，应使授课内容完全无所遗留地展现出来，即使知识彻底化，使其摆脱抽象。这里的彻底化，要求具体化。质言之，思政课教学过程是一个使知识脱去抽象、显明具体的过程。使知识具体化，即在认识过程中如何具体把握事物的本质与全貌。依据辩证思维方法，在认识的过程中，包括两类具体：感性的具体、思维的具体。从思政课教学的视域看，知识具体化的过

---

① 《马克思恩格斯文集》第 1 卷，人民出版社 2009 年版，第 11 页。

程就是首先获得感性的具体（表象和知觉），而后通过抽象的方法对这种感性的表象和知觉进行否定，再经由各种形式的逻辑中介，上升至思维的具体。"F-M-A 教学法"正是这一过程的具体表现之一："F"是经由对感性的具体抽象否定后所获得的现实和知识；"M"是使抽象后的感性的具体上升为思维的具体的逻辑中介；"A"是运用，以获得思维的具体为前提。

（三）在"整体"中打磨"细节"

如果把一堂高质量的思政课比作一集"纪录片"，教师在其中的角色无疑就是"导演"。"图难于其易，为大于其细"，作为"导演"，必须关注每一个会影响整体效果呈现的细节。一次完整的教学至少包括"教学导入""起承转合""板书设计""课堂总结"和"教学语言"5 个方面：

1. 教学导入

教学导入的方法有很多，我在教学实践中常使用的方法有"以情动人法""问题引领法"和"文献引入法"等。很明显，这些方法对应不同的教学需要，也会产生不同的教学效果。

以情动人法。导论课不仅是一门课程的开篇，也是师生的首次见面，以情动人法往往能够快速体现思政课程的育人价值，拉近师生之间的距离，建立双方信任的关系。动人的手段可以是感人肺腑的故事、发人深省又节奏适宜的表述，也可以是富有感染力的影像资料。

问题引领法。我在参加第二届全国高校思想政治理论课教学展示暨优秀课程观摩活动时，抽到的题目是"大学生为什么要学习中国近现代史？"当时，我将这个题目从内涵和逻辑的角度转换成两个问题：一是"为什么活在今天的我们，要学习历史，了解过去的事？"二是"著名历史学家卡尔说，历史是昨天和今天的对话，那么这种昨天和今天的对话，在我们要学习的中国近现代史中是如何体现的呢？"这两个问题旨在引导学生思考学习历史的意义和价值，以及当代大学生学习中国近现代历史的意义和价值。一旦学生开始思考，学习兴趣就容易激发，好的教学由此便开始了。

文献引入法。在讲"不同社会力量对国家出路的早期探索"时，我引入了李鸿章的两道奏折，以说明各个社会阶层对国家和民族出路探索"千年未有之大变局"的时代背景。

文献一　臣窃惟欧洲诸国，百十年来，由印度而南洋，由南洋而中国，闯入边界腹地，凡前史所未载，亘古所未通，无不款关而求互市。我皇上如天之度，概与立约通商，以牢笼之，合地球东西南朔九万里之遥，胥聚于中国，此三千余年一大变局也。①

文献二　历代备边多在西北。其强弱之势，客主之形，皆适相埒，且犹有中外界限。今则东南海疆万余里，各国通商传教，来往自如，麕集京师及各省腹地，阳托和好之名，阴怀吞噬之计。一国生事，诸国构煽，实为数千年来未有之变局。轮船电报之速，瞬息千里；军器机事之精，工力百倍；炮弹所到，无坚不摧；水陆关隘，不足限制，又为数千年来未有之强敌。外患之乘，变幻如此，而我犹欲以成法制之，譬如医者疗疾，不问何症，概投之以古方，诚未见其效也……《易》曰"穷则变，变则通。"盖不变通则战守皆不足恃，而和亦不可久矣。②

一堂课的课堂导入是吸引学生的关键阶段，好的课堂导入往往能够激发学生的学习兴趣，增强学生的学习动机，凝聚学生的注意力。

---

① 吴汝纶编纂：《李文忠公全书・奏稿》（卷19），第45页。
② 《李鸿章全集・奏稿》（卷24第2册），海南出版社1997年版，第825页。

2. 起承转合

课堂是师生双向互动的空间，而非教师的"一言堂"。"逻辑"是告别错误走向正确的工具，因为，课堂教学应该以逻辑思维进行立体化的铺展，而不是平面化的介绍。因此，在教学过程中逻辑化的表达和提问式的过渡更有助于在"教师提问——学生思考——师生互动——教师解惑"过程中，实现教师主导、学生主体的教学安排，更好地吸引学生的注意力，实现育人目标。如在讲太平天国运动爆发的原因时，我向学生提问：

清末改朝换代力量"在时间上共存，在空间上并列，互相感应，聚合成推波助澜之势"[①]。在这些力量里，最后成为改朝换代主导者的是谁呢？不是延续了几百年的白莲教势力，也不是立基开局近两百年的天地会，更不是远离中原的少数民族反抗，而是异军突起的拜上帝教。可以说是后来者居上，这是为什么呢？

这段话在起承转合的教学过渡中至少有三方面作用：一是从时间和空间上总结了晚清动荡的社会局势；二是自然过渡

---

① 陈旭麓：《近代中国社会的新陈代谢》，中国人民大学出版社 2015 年版，第 65 页。

到太平天国运动兴起原因的讲授；三是提出问题，引发学生思考，激发学生的学习兴趣。

大学课堂本质上是教与学双向互动的时空环境，其基本表现形式就是师生之间的对话与交流。思政课要实现价值塑造、价值引领的目标，没有这样的对话和交流，是很难实现的。因此，课堂教学的活力不仅体现于教师充满热情地说真话、讲真理、道真情，更体现在学生们有话可说、有题可答、有事可做。因此，在课堂教学中，这样以提问的方式链接前后的知识点，可以调动学生的学习行为，让学习行为开启起来，深入下去。

3. 板书设计

板书设计是备课的重要内容，板书书写是课堂教学的必要环节。板书设计的难点在于厘清板书和课件之间的区别，二者存在形式、目的和功能上的差异。

完整性和局部性。从形式角度看，板书呈现的是课堂教学的整体内容，而在教学过程中使用的课件，在同一时间只能呈现课堂教学内容中的某一片段、知识链条中的某一环节。

逻辑性和陈述性。从目的角度看，板书在于展现课堂教学内容中核心要点之间的逻辑关联，而课件则在于以"陈述"

的方式展示教学内容的生动性和丰富性。

说理性和知识性。从功能角度看，板书需要体现教学内容解决教学重难点问题的路径，具有说理性；而课件所发挥的功能则在于教学过程中某一教学内容所具有的知识性。

综上所述，板书书写区别于课件展示，是课堂教学的必要手段和基本环节。思政课的本质是讲道理，讲道理离不开"讲逻辑"，而板书则是"讲逻辑"的重要工具。

板书设计需要简练明了，一方面让学生可以在记录板书的过程中紧跟教师的教学节奏，另一方面教师也可以通过板书帮助学生构建对某一问题的整体化、逻辑化认知。

4. 课堂总结

课堂总结是一次课的点睛之笔，一次没有总结的课堂教学是不完整的。因为课堂总结不仅可以帮助学生提炼出教学内容的要点和重点，构建对整堂课教学内容认知的逻辑框架，即得出课程内容的系统性和逻辑性，还可以引发学生对进一步学习的兴趣和动力。

因此，课堂总结可以借用板书进行，向学生说明：本节课讲授了什么内容，这些内容解决了什么问题；还有什么内容没有讲，这些内容要解决什么问题。

有一次，一位老师去听我的课。我在做课堂总结时留下了一个问题，这个老师很好奇这个问题的答案，后来还在微信上特意问了一下。从这个角度讲，这样的教学设计，也能在一定程度上提高学生的到课率。

5. 教学语言

语言是教学内容的输出方式，好的教学效果要求好的教学语言表达，"话说好了，耳朵听着顺，心里想得通；话说僵了，热心能变冷，好事能变坏。"[①] 好的教学语言有一个基本的标准，就是要突出"讲"字，表达流畅、谈吐自如、咬字清楚、用词丰富、语法完整、修辞得当、语音清晰等都是"讲"课对教学语言的要求。除此之外，处理好逻辑重音，把握好语言节奏，以及"长话短说"，也是需要关注的方面。

处理好逻辑重音。逻辑重音的处理，在教学表述从物理学意义上的"声音"向语言学意义上的"言语"过渡的过程中，所发挥的作用是不可小觑的。处理好逻辑重音，有利于使教学表述的意义内涵更加清晰，从而更加容易吸引学生的注意，加深学生对教学内容的理解。

---

① 郑永廷：《思想政治教育方法论》，高等教育出版社 2010 年版，第 323 页。

　　示例　中国共产党只有通过不断的自我革命炼就金刚不坏之身，才能够在思想上修葺一念之非，在实践上矫正一动之枉，才能使事业阪上走丸、震古烁今。

　　这些逻辑重音强调的是，"金刚不坏之身"是"自我革命"炼就的结果；事业要达到"阪上走丸、震古烁今"高度，需要在"思想上"和"实践上"有所作为。

　　把握好语言节奏。习近平总书记强调，思政课教师"情怀要深。思政课要引导学生立德成人、立志成才。只有打动学生，才能引导学生。教师在课堂上展现的情怀最能打动人，甚至会影响学生一生。真信才有真情，真情才能感染人"[1]。衡量思政课教师是否有较深情怀的重要尺度之一就是其课堂教学是否具有情感的温度，是否能够在以理服人的基础上以情化人。[2] 有情怀的思政课教师，有情感温度的教学语言，一定不会是声音节奏单一的"电子声调的念稿人"，而是语言节奏急缓有致的"有信仰讲信仰的人"。

──────────

①　习近平：《思政课是落实立德树人根本任务的关键课程》，人民出版社2020年版，第13页。

②　李键：《情怀要深——中国共产党百年奋斗历史经验情感意蕴在思政课中的着力点》，《大学》2023年第6期。

示例　改革精神｜是革命精神的直接延续，我们只有在｜每个历史新阶段，都坚持｜革命精神不动摇，不断冲破｜旧藩篱，开创｜新天地，才能在一个个｜千帆竞发、百舸争流的新发展阶段｜领导人民，克难攻坚，续写辉煌。

"长话短说"。教学语言表述在遵循教材权威说法的同时，在表达方式上应关照听者的语言习惯。如果教师使用大段的、长句的语言就会提高学生处理听觉信息的难度，造成听觉和大脑疲劳，不利于课堂形成较高的互动氛围，教学目标的实现则更不容易。

教无定法，贵在得法。不同的学生，不同的知识储备、不同的思维方式、不同的认知状况、不同的思想困惑，针对其所制定的教学策略、择取的教学素材、使用的教学手段、设计的教学环节都会有所不同。这就要求思政课教师要"守正创新推动思政课建设内涵式发展，不断提高思政课的针对性和吸引力"①。唯有如此，方能不负思政课教师职业使命，为确保党的事业和社会主义现代化强国建设后继有人尽绵薄之力！

---

① 《习近平对学校思政课建设作出重要指示强调　不断开创新时代思政教育新局面　努力培养更多让党放心爱国奉献担当民族复兴重任的时代新人》，《人民日报》2024 年 5 月 12 日。

四、坚持守正创新：在把握变与不变中讲好马克思主义中国化时代化的故事

习近平总书记在省部级主要领导干部学习贯彻党的十九届六中全会精神专题研讨班开幕式上强调指出，"当代中国正在经历人类历史上最为宏大而独特的实践创新，改革发展稳定任务之重、矛盾风险挑战之多、治国理政考验之大都前所未有，世界百年未有之大变局深刻变化前所未有"。面对由此而来的"大量亟待回答的理论和实践课题"①，我们一定要实事求是分析变和不变，与时俱进审视我们的理论，该坚持的坚持，该调整的调整，该创新的创新，决不能守株待兔、刻舟求剑。

那么，对于一名身处百年未有之大变局和中华民族伟大复兴战略全局时代的青年马克思主义学者来说，如何才能在"实事求是分析变和不变"的过程中，处理好坚持与调整、守正与创新的关系呢？我认为要做到这一点，其中最为关键的，

① 《习近平谈治国理政》第 4 卷，外文出版社 2022 年版，第 30 页。

就是要在理论逻辑、历史逻辑和实践逻辑相统一的过程中，努力形成能够把握好变与不变辩证关系的理论素养和基本自觉。具而言之，就是做到把马克思、恩格斯创立的科学社会主义原理方法、价值立场和目标导向等看作常量，把科学社会主义在现实推进中经历的不同时代发展背景下具有"决定性因素"的"现实生活的生产和再生产"① 作为变量，把这一进程中共产党人如何应对处理上述常量与变量间辩证关系，进而在理论反思、经验总结中探索推动科学社会主义深入发展的实践历程全面系统地展现出来。在此，我结合自己在研究科学社会主义若干重大理论和现实问题过程中的心得，讲一讲如何在把握变与不变中守正创新，讲好马克思主义中国化时代化的故事。

（一）要把经典作家在变与不变中推动理论和实践发展的精神品质学习好理解好

当年的马克思、恩格斯以西欧为典型、英国为样本，分析了这个曾经在历史上起到过促进财富涌流、科技进步和人的自由度巨大提升的资本主义社会，认为其在资本积累的巨大魔

---

① 《马克思恩格斯文集》第 10 卷，人民出版社 2009 年版，第 591 页。

力中同时生成经济、生态以及人的发展上的贫困积累及其系列发展危机而具有"历史的、过渡的性质"①，必然会被更高的新文明类型即社会主义和共产主义所取代。

当然，在这一以铁的规律必然发生的历史趋势中，马克思、恩格斯等经典作家的下述观点立场也是非常鲜明且坚决的。

第一，旨在克服资本扩张悖论而生成的人类新文明新样态，其绝不是一种应然状况。就其现实性而言，当且仅当某个国家或某片区域内由资本积累和贫困积累间的矛盾对立，发展到必须要用社会主义这一方式来克服化解的时候，社会主义这种新文明类型才会在问题倒逼的情境下发生。

第二，"历史过程中的决定性因素归根到底是现实生活的生产和再生产"也意味着，这一原理或方法的运用以及由此而来的相关论断，必须随时随地以当时的历史条件为转移。就如我们通常所讲的经典物理学中关于力的大小的分析公式是 F=ma 一样，如果质量和加速度这两个变量发生了变化，那么力的大小也会随之发生变化。综合来看，具备历史自觉的马克思恩格斯列宁等经典作家在上述前提下很好地践行了变与不变的内在要求，这在其关于探索推动科学社会主义理论和实践的

---

① 《马克思恩格斯文集》第 7 卷，人民出版社 2009 年版，第 270 页。

过程中得到了鲜活展现。

第三，以西欧为典型、以英国为样本而来的科学社会主义论断的最初表达。基于科学社会主义本质特征的基本研判，马克思、恩格斯在生前坚信，现实中的社会主义革命从地域空间上来讲，其有且只能发生在西欧主要资本主义国家。这一信念如此坚定，以至于就在辞世前的 1881 年，马克思仍坚信尽管年老的自己对于社会主义革命"只能预见，而不能亲眼看见"，但后继者必将"面临着人类未曾经历过的最革命的时期"①。当然，在这一原初的经典模型预判中，资本、商品等要素在这一经典的，即以扬弃资本为逻辑起点的未来社会主义社会中将找不到任何影子。

第四，及时结合主要资本主义国家的新情况适时地对经典论断进行调整，形成了这一最初表达的域内延伸。具体而言，在关于未来社会主义社会主要特征的认知上，既有认知一般都在强调马克思所提出的无产阶级专政条件下通过宣布不断革命来"达到消灭一切阶级差别"，进而消灭由此"产生的一切生产关系"②这一以扬弃资本为典型特征的经典论

---

① 《马克思恩格斯全集》第 35 卷，人民出版社 1971 年版，第 179 页。
② 《马克思恩格斯文集》第 2 卷，人民出版社 2009 年版，第 166 页。

断。但在经历了巴黎公社的实践后，马克思对之前的预判进行了修正完善。在他看来，由于"以自由的联合的劳动条件去代替劳动受奴役的经济条件，只能随着时间的推进而逐步完成……'资本和地产的自然规律的自发作用'只有经过新条件的漫长发展过程才能被'自由的联合的劳动的社会经济规律的自发作用'所代替"①，因此，必须思考和面对无产阶级专政条件下如何继续利用和发展资本的问题。这一看似矛盾的表述，恰恰是马克思关于科学社会主义原理和方法的具体应用必须"随时随地都要以当时的历史条件为转移"②的最好印证。

第五，面对俄国民粹派的追求，形成了这一最初论断域外延伸的跨越"卡夫丁峡谷"论。在给查苏里奇的复信中，马克思曾提出过这样一个论断，即俄国可以不经过资本主义的"卡夫丁峡谷"，"而把资本主义制度所创造的一切积极的成果用到公社中来"③直接进入社会主义。这一论断既为科学社会主义发展道路新开拓提供宝贵引领，但也遭遇诸多质疑。其关键在于，这一论断是否与马克思、恩格斯关于科学社会主义原

---

① 《马克思恩格斯文集》第 3 卷，人民出版社 2009 年版，第 198—199 页。

② 《马克思恩格斯文集》第 2 卷，人民出版社 2009 年版，第 5 页。

③ 《马克思恩格斯文集》第 3 卷，人民出版社 2009 年版，第 575 页。

理的阐释根本一致。综合来看，马克思对这一命题的论述十分审慎。而坚信西欧无产阶级必将取得决定性的胜利，则是马克思得出这一论断的基本前提。其内在逻辑大致可以分为如下几个层次：

首先，当时的俄国是一个独立的国家，它不像东印度那样已经在资本全球扩张的过程中变成了殖民地从而陷入资本主义内在矛盾聚集的卡夫丁峡谷。其次，就具体国情而言，俄国国内存在的土地公有制，确实能为其在走向社会主义的过程中提供该社会形态所需的"集体占有的自然基础"；不仅如此，俄国与西欧主要资本主义生产同时存在的这一特殊历史环境，也能为它在走向社会主义的过程中提供"大规模组织起来进行合作劳动的现成的物质条件"[1]。再次，上述两大有利的历史条件，再加上对西欧主要资本主义国家必将而且马上就要爆发社会主义革命的预判，使得马克思认为当时的俄国完全可以搭上历史的便车进入更高的社会形态。相反，如果俄国不能抓住这一历史机遇而继续之前通过瓦解农村公社进而走向资本主义的老路，那必将"会失去当时历史所能提供给一个民族的最好的机会"，进而"遭受资本主义制

---

[1]　《马克思恩格斯文集》第 3 卷，人民出版社 2009 年版，第 587 页。

度所带来的一切灾难性的波折"①。正是基于这一严谨的认知逻辑，使得马克思在之后面对俄国民粹派对农村公社历史地位的任性解读和肆意吹捧时，明确表明他对这种脱离基本历史前提而来的主观臆断"从来不抱乐观的看法"②。即使到了1894年，恩格斯在《论俄国的社会问题》的跋中仍不忘提醒：俄国公社向未来社会发展形态演进的"首创因素"，其只能来自西方的工业无产阶级。概而言之，西欧无产阶级通过战胜资产阶级进而实现"代替资本主义生产"的这一巨大社会变革，是俄国公社有可能上升到同样阶段"所必需的先决条件"③。

第六，列宁在充分秉承《资本论》基础上结合俄国国情形成的帝国主义论，是在把握变与不变中推动科学社会主义发展的重要典范。20世纪初，面对1896年以来德美经济危机化解、资本主义世界强劲复苏、第二国际内部一时不知如何应对因而陷入内部分裂，一时间，社会主义理论和运动似乎面临危机，遭遇巨大挑战。紧急关头，身处资本主义世界体系边缘地带的列宁在秉承《资本论》原理方法和分析框架的基础上，结合变

① 《马克思恩格斯文集》第3卷，人民出版社2009年版，第464页。

② 《马克思恩格斯全集》第32卷，人民出版社1974年版，第421页。

③ 《马克思恩格斯文集》第4卷，人民出版社2009年版，第457页。

化发展的资本主义样态及俄国的具体国情，提出了著名的帝国主义论。

　　列宁了不起的贡献在于，他关于东方落后国家的革命理论和实践的论断，不仅秉承了《资本论》研究的理论节律，而且还使之在与资本主义最新发展节律相契合的过程得出新论断：主要资本主义国家为缓和国内危机，将资本主义生产方式在全球蔓延、渗透，这使得原本主要在自身内部产生的资本积累与贫困积累间的矛盾对立，复制并转嫁到了像俄国这样的落后国家，这一发展态势表征着资本主义生产方式已日益发展到最高阶段和最后阶段，因而无疑是"无产阶级社会革命的前夜"①。俄国作为由此而来资本主义世界体系中资本积累与贫困积累矛盾对立最为深刻的场域，也即列宁所言的帝国主义链条上的最薄弱环节，必将成为世界范围内社会主义革命的桥头堡，点燃主要资本主义国家的社会主义革命。正是这一具有时代高度的理论，才引领俄国通过十月革命实现了对马克思跨越"卡夫丁峡谷"设想的回应。尽管这一命题还不可能一次性地在较短的历史时期得到解决，但它打开了不仅是俄国，更是人类社会发展的新纪元。

---

① 《列宁专题文集　论资本主义》，人民出版社 2009 年版，第 105 页。

（二）在把握变与不变辩证关系中正确理解科学社会主义在世界历史进程中的现实展开

科学社会主义的系列经典表达，无疑是科学社会主义原理方法必须随时随地以当时的历史条件为转移的生动展现。也是经典作家把握好变与不变辩证关系的生动写照。但在自己从事教学科研工作的过程中，下述几大与经典作家既有的预判论断存在巨大反差的现象，一段时间以来成了自己"迈不过去的坎"。换句话说，自己在一段时间里，很难在逻辑、历史与实践的贯通中把这几个困惑很好地加以解决。

首先，就资本主义的发展演变而言，在列宁逝世后百年的历程中，作为资本主义最高和最后阶段的帝国主义却腐而不朽、垂而不死。特别是在第二次世界大战结束以后的进程中，其日益在国际体系中呈现出文明发达的景观。其次，就社会主义的开启区域而言，在作为帝国主义链条最薄弱环节上的俄国成功爆发十月革命后，百余年来，陆续走上社会主义道路的均是边缘落后国家。再次，就社会主义实践开启后两大主要社会制度的相互关系而言，两大主要社会制度间的关系从以革命斗争为主要样态的核心表达，逐渐在 20 世纪后半叶让位于苏联提出的"三和理论"以及随后的和平发展论。斗争离不开联系、交流包含着冲突日益成为两大制度交往间的主要样态。

为什么既有的经典论断预判会与现实进程间出现这样明显的反差？是理论本身存在问题，因而必须对其进行解构和重构？还是应该在秉承经典理论原理方法的基础上，通过对资本全球扩张过程中起"决定性因素"的社会"生产和再生产"的回溯分析，在一个更为宏大的背景中探寻上述偏离反差的根源？现在再回过头来看这些问题，发现自己的幸运，恰恰在于秉承了变与不变的内在要求，并在此基础上通过查阅文献、拜访师长、深入钻研，较好地解决了上述疑难困惑。

第一，在变与不变的框架中直面资本运行的时代变化。19世纪末20世纪初以来，为克服自身内部由作为资本积累的矛盾对立面而来的贫困积累，各主要资本主义国家不断在问题倒逼式的过程中，通过诸如实施八小时工作制、降低劳动强度、提高工资福利、推行股份制、承认工会组织合法性等举措，来探索矛盾危机的化解之道。特别是第二次世界大战结束以后，各主要资本主义国家在借助交通、科技和信息革命荣光地进行全球扩张的过程中，开始通过产业资本、商业资本、金融资本链以及自由、民主、人权、博爱等所谓"普世价值"光环的掩护，更为有效地将世界的每个角落都紧紧地编织进了资本积累的魔咒。原本那种通过对边缘落后国家血腥掠夺和野蛮战争的早期资本积累和贫困积累方式，现在已日益转变为更具文明外观的资本全球积累格局：主要资本主义国家通过对高附加值产品的研发、核心技术和专利的绝对掌控，再加之对全球营销网络及意识形态话语权的主导，逐步在强大的资本积累基础上建构起福利社会与消费社会。原本那种由资本扩张悖论形成的国内矛盾由此被大大消解。相应的，处于产业链低端的加工制造业及其负载的贫困积累威胁，则被不断转移至边缘落后国家。以低工资、低福利、低效益和高消耗、高污染、高事故为典型反映的"三低""三高"现象，开始在资本主义世界体系中的边缘和外围大幅呈现。

第二，在变与不变的框架中把握好理论创新的现实依据。资本积累结构的新变化新发展让我们看到，主要资本主义国家在生产力高度社会化的条件下，确实已经具备了进入社会主义社会的物质条件，但由于其国内的贫困积累远未达到无以延续的顶点，因此这些主要资本主义国家并不具备社会主义诞生的完整条件。诸多边缘落后国家则因为在客观上受到国际垄断资本力量的掌控，在资本主义世界体系中整体上处于产业链的中低端乃至最底端，且这些国家和地区在环境、资源及经济社会发展上有被不断逼至贫困积累顶点的态势，因此客观上确实具备走上社会主义道路的迫切诉求。但另一方面，这些边缘落后国家的国内生产力发展以及社会化大生产远未达到顶点，有些甚至还缺乏马克思主义先进政党的指导，也不具备社会主义诞生所需的完整条件。也正是基于此，我们认为社会主义的诞生条件由此在全球范围内发生了分离。

第三，在变与不变的框架中与时俱进地澄明现实社会主义的内在要求。按照社会发展演进的"两个决不会"理论，有一点我们必须始终保持足够的清醒：那就是在这一总体历史格局下，对于那些无论是通过暴力革命抑或其他途径走上社会主义道路的国家而言，其不管是出于发展自身生产力以满足社会主义所需的物质条件之需要，还是为了有效克服世界体系中的资本扩张悖论，都要求这些落后国家必须在与国际资本同存共长的世界体系中实践发展。因此，面对这个由资本主义国家主导推动，且通过各种产业链愈发"文明"地将整个世界裹挟进国际资本增值甬道之世界体系的这一你中有我、我中有你的全球经济共同体，各社会主义国家如何通过斗争与合作关系的辩证转换实现与时俱进、开拓创新，做到既借鉴资本主义文明成果，又克服资本扩张悖论避免被重新引入贫困积累的境遇，进而真正实现民富国强和全球经济正义，这已成为当代社会主义实践的现实诉求。

（三）在把握变与不变辩证关系中讲清楚新时代中国特色社会主义就是科学社会主义的新时代

也许有人会问，以上讲了一大堆经典作家如何处理变与不变的关系，又解释了现实中的社会主义在世界历史进程中是如何展开的，这些对讲好马克思主义中国化时代化的故事到底有什么用。我在此想说的是，这个作用是很大的，从某种程度上来讲，这是我们分析当代中国化时代化马克思主义的基本前提，也是我们在照着说的基础上进一步接着讲的底气所在。就其核心指向而言，我认为必须在上述基础上，努力在把握变与不变的辩证关系中，按照逻辑、历史和实践相一致的要求讲好"中国特色社会主义是社会主义而不是其他什么主义"①，新时代中国特色社会主义就是科学社会主义的新时代的故事。在此基础上，努力将中国共产党始终秉承科学社会主义原理方法和价值观灵魂——回应不同时代要求——生成新思想引领伟大实践——进而推动社会主义在中国深入发展的基因密码和精神品质全面系统地展现出来。为此，必须要做到几个讲清楚。

第一，讲清楚科学社会主义基本原理与当代创新相统一

---

① 《习近平著作选读》第 1 卷，人民出版社 2023 年版，第 75 页。

的内在逻辑。对于在经济社会发展落后背景下走上社会主义道路的国家而言，建立社会主义制度并不意味着达到了甚至超越了资本主义文明——这本应该是社会主义的题中应有之义。这种与发达资本主义的差距，也使新生的社会主义自从一开始就面临着两大悖论式发展难题：一方面，必须要在相对封闭的前提下保护社会主义的经济基础和民族工业的发展，进而在短时期内积累起能与国际垄断资本相抗衡的正面力量，从而为有效抵制资本主义的侵蚀和掌控，同时也为自己在现代国际体系中赢得生存空间奠定基础。另一方面，又必须最大化和最优化地吸收资本主义创造的文明成果，这恰恰是马克思东方道路思想的现实诉求。这也意味着这些国家必须进入为资本主义所主导的世界市场，实施对外开放战略。但在西强我弱的资本全球积累总体格局中，这势必又会涉及合作与斗争、独立自主与牵制支配、积极影响与反面渗透等错综复杂的因素。可以说，这一过程不仅在形式逻辑上自相矛盾，而且在实践逻辑上也是挑战重重。而如何破解这一矛盾就成为当代社会主义成长壮大的关键，也是科学社会主义原理和当代创新相统一的精华所在。

第二，讲清楚经历巨大波折而来的中国特色社会主义，对科学社会主义在现实展开中所须直面的悖论式难题作出了精彩回答。回溯社会主义的百年实践历程，我们在今天可以更深刻地认识到，东方落后国家的无产阶级政党在通过革命成功夺取政权后，确实需要运用社会主义国家政权的强大力量，在社会主义公有制计划经济基础上，充分利用政府行政指令而非市场力量来配置资源。因为，这其中内含的社会主义本质定向，既有效避免了按照资本逻辑扩张的不均衡经济体系和社会发展结构，也有效矫正了欠发达国家常见的被国际资本扭曲的经济和社会发展体系，从而在契合广大人民根本需求的过程中，有效避免了资本主义经济发展中走过的歪路。否则，也就无法尽快初步建立起能与强大的国际资本相抗衡的经济发展体系。

值得指出的是，尽管新中国成立后的中国共产党努力按照社会主义的原初设想进行探索，但既没有在原初设想上止步不前，更没有囿于先走一步的苏联模式，而是始终注重理论与实践结合不断开拓社会主义的新路。新中国社会主义建设展开不久，毛泽东就在《论十大关系》中描绘了对社会主义建设道路的中国设想。尽管后来付出了"大跃进"和"文化大革命"等沉重代价，但每一次失误都紧跟着后来的反省，越是大的失误，反省就越是深刻，对社会主义的认识就愈上新的台阶。在改革开放初期，我们党的自我反思就已深入到了"什么是社会主义""怎样建设社会主义"这一制度和理论的基础层面，创造性地提出了"社会主义初级阶段论""社会主义本质论""社会主义市场经济论"等重大开拓性论断。正是因为在坚持科学社会主义本质要求的前提下不断守正创新，当代中国终于在改革开放中使得社会主义的制度优势日益显著地凸显出来。实践证明，当前的中国特色社会主义已经具备引导驾驭资本力量来为社会主义价值目标服务的能力，充分实现了社会主义经济发展模式的转变。这样的伟大创举不仅极大地促进了生产力的发展，也迅速地提高了人民生活水平，促进了社会的公平正义。因此，这样的实践探索无疑是对马克思主义理论宝库和社会主义运动的伟大贡献，是对马克思科学社会主义基本原理的证实而不是如波普尔所言的证伪。

第三，讲清楚新时代中国特色社会主义是中国共产党在正确处理变与不变关系中深入推动科学社会主义的最新展现。改革开放40多年来的巨大成就我们有目共睹。但在愈益迈向国际合作竞争深处的过程中，我们也愈发深刻地感受到，由于当前的发展体系在当下深刻的一体化进程中并未在总体上超越垄断资本主义的框架和阶段，特别是主要资本主义国家在国际垄断资本主义阶段为维系自身霸权而表现出的恃强凌弱、巧取豪夺、零和博弈等霸权霸道霸凌行径，以及由此不断加重的和平赤字、发展赤字、安全赤字、治理赤字，正日益严重地阻滞着全球绝大多数人们对美好生活的向往追求。以至于沃勒斯坦预言，"以更强的等级制、压迫性为特征的世界体系"，可能会是"即将走到发展极限的资本主义"在未来40—50年后"可能的发展方向"①。

而就中国特色社会主义在资本全球积累格局中的现实遭遇而言，主要资本主义国家为维系自身霸权进而转移自身制度导致的成本代价，试图将类似中国这样的发展中国家永久控制在国际产业链中低端，进而维系自身超额剩余价值来源的"丛林法则"，因此中国的崛起变得更加迫切。再加之我们在发展中因体制机制不完善、改革不到位而在政治、经济、文化、社会及生态领域出现的系列与社会主义本质要求不相一致的矛盾与挑战的叠加，使得当代中国在克服资本扩张悖论的过程中不得不面临系列伟大斗争，其一改以往那种局部的、零散的、非主流的、可忽略的、弱关联的、易应对的样态，转而以与我们强相关、难应对因而更严峻、复杂、深刻、艰巨的，诸如国内经济社会发展中的"中等收入陷阱"、发展不平衡不充分的"木桶效应"、关乎道路与方向的政治文化领域的"话语权陷阱"等都以空前复杂形式表现出来。

这意味着，新时代中国特色社会主义已然随着滚动的历

---

① ［美］伊曼纽尔·沃勒斯坦等：《资本主义还有未来吗?》，徐曦白译，社会科学文献出版社2014年版，第33页。

史车轮行进到了一个由大变强、由富转强的转折点。在这个结点上，我们既面临类似新中国成立之初主要资本主义国家对我们施行全面"围剿"的挑战，也面临着之前富起来过程中改革体制机制推进治理体系和治理能力现代化的挑战。可以这么说，在强起来过程中我们所遭遇的矛盾挑战，将是站起来和富起来这两大时期的总和。这一阶段上"改革发展稳定任务之重、矛盾风险挑战之多、治国理政考验之大都是前所未有"①。也正因如此，"十八大以来，国内外形势新变化和实践新要求，迫切需要我们从理论和实践的结合上深入回答关系党和国家事业发展、党治国理政的一系列重大时代课题"②。综合来看，在这一时期，以习近平同志为核心的党中央紧紧把握时代发展的脉搏和节奏，在秉承好科学社会主义内含的变与不变的辩证关系基础上，对内通过继续深化改革，全面探寻新时期更加有效克服资本扩张悖论、实现经济社会发展正义、满足广大人民对美好生活向往追求实现的破解之道，很好践行了在新阶段上以新理念和新格局全面推动高质量发展，扎实推进全体人民共同富裕；对外则通过分析研判全球政治经济学的运行规律、矛盾弊

---

① 习近平：《在纪念马克思诞辰 200 周年大会上的讲话》，人民出版社 2018年版，第 24 页。

② 《习近平著作选读》第 1 卷，人民出版社 2023 年版，第 14 页。

端、内在限度和发展趋势，全面深度参与全球治理体系并适时推动变革，在共商共建共享中推动构建人类命运共同体，从而在世界范围内不断以中国智慧和中国方案践行 21 世纪科学社会主义的内在要求。

当然，面对百年未有之大变局，如何使在错综复杂的资本全球积累格局中生成的中国道路可以切实成为 21 世纪科学社会主义实践可资借鉴的经验原型，如何"充分估计到西方发达国家在经济科技军事方面长期占据优势的客观现实，认真做好两种社会制度长期合作和斗争的各方面准备"[①]，从而使科学社会主义在 21 世纪持续展现出更为强大的生机活力，将是当代马克思主义者必须直面的重大问题。

---

① 《习近平著作选读》第 1 卷，人民出版社 2023 年版，第 84 页。

后　记

　　从 2020 年我开始关注青年与马克思主义这一领域，本书是《当青春遇见马克思》的理论生命延续，也是我们关于青年与马克思主义关系探索的第二本书籍。青年是国家的希望、民族的未来，尤其是"90 后""00 后"一代，肩负着以中国式现代化全面推进中华民族伟大复兴的时代使命。一直以来，马克思、恩格斯是如何论述青年的，青年时期的马克思是什么样的，青年与马克思主义是什么关系，马克思主义为什么永远年轻，青年应该怎样学习和践行马克思主义，这些问题萦绕在心头。因此，引导广大青年马克思主义学者从学生时代明确未来方向、树立远大理想，责无旁贷。

　　本书是不同年代马克思主义理论学者的成长历程及他们短暂求索和马克思主义理论邂逅的缩影，也是跨越半个世纪的光荣传承和薪火交接。他们有的出生于 20 世纪 40 年代，比如刘书林教授；有的出生于 50 年代，比如程恩富教授、卢黎歌教授；有的出生于 60 年代，比如韩喜平教授、田鹏颖教授；有的出生于 70 年代，比如王芳教授、邱卫东教授；有的出生于 80 年代，比如任鹏教授、杨增崟教授、周绍东教授；有的出生于 90 年代，比如吕晓凤、叶子鹏等。因此，本书值得广大青年学子，特别是高中生和刚刚步入大学校门的学生阅读。

需要指出的是，本书是通力合作的结果，能够付梓离不开各位学者的日夜辛勤付出。《当青春遇见马克思》出版以后，在社会各界反响不错，于是我开始不断构思编写一本关于青年马克思主义学者应该怎样求学、读书、治学、求职以及平衡学业和生活关系，尤其是对本科生能够有所启发的通俗读物，本着能够读得懂、有可操作性和示范性的原则，我拟定了章节框架、写作思路和每章的具体题目，并负责统稿、定稿、组织协调工作，程恩富教授亲自撰写序言并担任该书第一主编。本书撰写具体分工如下（以撰稿章次为序）：清华大学马克思主义学院刘书林（欣逢盛世：顺大势循大道做有为青年），东北大学马克思主义学院原院长田鹏颖（探索者的探索：青年学者的自我成长），北京师范大学马克思主义学院副院长杨增崟（我书架上的那些神明：谈谈读书），东北大学马克思主义学院院长任鹏（得大者，可以兼小：阅读与选择阅读），上海中医药大学马克思主义学院院长王芳（坐得住"冷板凳"：保持定力是治学的关键），武汉大学马克思主义学院周绍东（研究切入点：如何写好文献综述），北京第二外国语学院马克思主义学院吕晓凤（"杜拉拉升职记"：如何走好入职第一步），中共中央党校(国家行政学院)党的建设教研部叶子鹏(再见象牙塔：初入职场的那些事儿)，西安交通大学马克思主义学院岳潇、卢黎歌（新时代思政课改革创新："大思政课"我们要善用之），吉林大学党委副书记韩喜平、于甜子（讲深、讲透、讲活：思政课的本质是讲道理），哈尔滨工业大学马克思主义学院李键（教学有方：如何上好一堂高质量思政课），华东理工大学马克思主义学院副院长邱卫东（坚持守正创新：在把握变与不变中讲好马克思主义中国化时代化的故事）。此外，参与本书撰写的还有：安娜、阮华容、李晶、江可可、黄泽清、田源、曲鹏芳、韩潇。朱丽萍、周炜杰、王建东提供了诸多帮助。

　　人生的成长总是在不断遇见，但令我最值得珍惜的是一份难能可贵的友谊。在本书形成和撰写的过程中得到了好友上海政法大学刘旭光、《中国青年报》梅潇予、《长江日报》秦孟婷的一些建议和指导，在此予以感谢！

　　但也由于编写团队能力和水平所限，难免存在舛误的细节，敬请方家批评指正，提出宝贵的意见，以待日后时机成熟之际再版或者修订时有所改观。

王富军

谨识于 2023 年 8 月 30 日

修订于 2024 年 5 月 30 日

喧寂斋

责任编辑：邓浩迪

装帧设计：汪　莹　王建东

图书在版编目（CIP）数据

青春必修课：青年马克思主义学者如何成长成才／本书编写组　著．—
　　北京：人民出版社，2024.8
ISBN 978－7－01－026482－0

I.①青…　II.①本…　III.①马克思－青年读物　IV.① A81－49

中国国家版本馆 CIP 数据核字（2024）第 078272 号

青春必修课

QINGCHUN BIXIU KE

——青年马克思主义学者如何成长成才

本书编写组　著

人民出版社 出版发行

（100706　北京市东城区隆福寺街 99 号）

中煤（北京）印务有限公司印刷　新华书店经销

2024 年 8 月第 1 版　2024 年 8 月北京第 1 次印刷
开本：880 毫米 × 1230 毫米 1/32　印张：7.5
字数：128 千字

ISBN 978－7－01－026482－0　定价：56.00 元

邮购地址 100706　北京市东城区隆福寺街 99 号
人民东方图书销售中心　电话（010）65250042　65289539